Szöveg szerzői joga ©2013 Szabó Balázs
Illusztrációk és fotók szerzői joga ©2013 Szabó Balázs

ISBN: 978-0578487458

A könyv szerzőjéről, Szabó Balázsról információ a www.kockinthenight.com weboldalon
Szabó Balázsról, a festőművészről bővebben itt: www.balazsart.com

A Refugee Press által megjelentetett további kiadványok

KONOCK IN THE NIGHT
Önéletrajzi családregény. A szerző a kommunista Szovjetunió által megszállt Magyarországon cseperedett fel és menekült el 14 éves korában, az 1956-os forradalmat követően. A könyv magyar nyelven CSENGŐFRÁSZ címmel jelent meg.

THE EYE OF MUSE
(Dedikált művészeti album)
Díjnyertes, US Print Excellence Award, 1987
Elérhető közvetlenül a szerzőtől, akárcsak a

THE EYE OF MUSE II
(művészeti album)

REFUGEE PRESS
Hillsborough, North Carolina
Nyomdai kivitelezés: USA

Minden jog fenntartva. A könyv egyetlen része sem reprodukálható, fordítható le vagy tárolható információ-visszakeresési rendszerben semmilyen formában és módon, grafikus elektronikus vagy mechanikus formában, beleértve a fénymásolást, felvételkészítést a kiadótól.

Nem mindennapi történetet tart kezében az Olvasó, mely egy különleges madárról, Csipeszről szól. A könyv szerzője, Szabó Balázs sem hétköznapi művész.

Kisgyermekeknek a könyvet ajánlott lassan olvasni, hogy képzeletükben megjelenhessenek a történet helyszínei, a természet ereje és szépsége, megérthessék a család fontosságát, átérezhessék az apa gyermekei iránt és az élőlények egymás iránt tanúsított szeretetét.

Az olvasni tudó nagyobbacskák maguk követhetik nyomon Csipesz és "emberi" családja kalandjait. Velük együtt örülhetnek, vagy épp gyászolhatnak a kibontakozó történetben.

A könyv képi élményekben is rendkívül gazdag, a borítón és a könyvben feltűnő festmények és családi fotóknak köszönhetően.

Csipesz különleges madár volt, akinek lénye a történet végével is szívünkben él.

Harriet Parke,
Az Agenda 21 társszerzője Glenn Beckkel együtt

CSIPESZ-MIPESZ

Egy igaz történet

ELSŐ FEJEZET

A Csendes-óceán mélyéről kinőtt hawaii szigetcsoportot bársonyos passzátszelek simogatták. Oahu, - ahogyan a Hawaii-iak nevezik - a türkizkék óceán közepén található, távol minden kontinenstől. A szigetek némelyike száraz, ám a legtöbbjük buja és zöldebb még a magas hegyek alatt elterülő sűrű esőerdők zöldjénél is. A hegyek pedig olyanok, akár az égre erősített gyűrött selyemkendők. A nap tükörtojás korongja fényesen ragyog rájuk.

A HEGYEK OLYANOK, AKÁR AZ ÉGRE ERŐSÍTETT GYŰRÖTT SELYEMKENDŐK

A levegőben ritka, trópusi madarak könnyed trillái keverednek számtalan vízesés hangjával. Errefelé nincsenek kígyók, rikácsoló papagájok, csak virág és érett hegyi alma illata tölti be a levegőt.

Egy szép napsütéses napon mérges felhők serege sorakozott fel a távoli horizonton. Sebesen haladó árnyékot vetett és piszkos szürkére festette a kék óceánt. Összekócolta a tájat és hurrikán erejű szelet küldött a sziget gyanútlan lakóira. A papaya, banán és gyömbér virágok között két kisfiú játszadozott. Otthonuk a Maunawili völgyben az Olomana hegyére nézett. A ház ablakából a háromszög alakú, smaragdszín Olomana hegyre lehetett látni. A ház mögött esőerdő terült el és a Koolau hegység ég felé nyújtózkodó kék fodrait itt-ott vízesések csíkozták fehérre.

OLOMANA HEGYE BANÁNOKKAL ÉS GYÖMBÉRREL

A játszadozó fiúk felett hirtelen elsötétült az ég. Pár pillanat múlva kövér, meleg esőcseppek hullottak és a gyerekek hangosan kacagva igyekeztek nyelvükkel minél többet elkapni belőlük. Az önfeledt játékban elmerülve észre sem vették a csendben lopakodó vihart. A trópusokon ugyanis ritkán jár a vihar mennydörgéssel, az égiháborúnak általában semmi előjele. Így történt ezúttal is. A világ egy szempillantás alatt nappalból éjszakára váltott, és az üvöltő szél egy bokszoló öklének erejével csapott a völgybe. A zuhataggá vált víztömeg elől apa a biztonságot jelentő házba terelte a gyerekeket és bezárta a nagy üvegajtót. A kinti világ, a hegyek, a fák, a völgy mind egyetlen szürke víztömegben tűnt el az üveg mögött.

A pálma- és banán levelek az erős szélben ide-oda cikáztak, nekicsapódva a ház minden szegletének. Esőfüggönyök mosták az ablakokat és elhomályosították a kint rekedt világot. A család átázva és dideregve bújt össze a biztonságot adó takaró alatt. Miközben a ház velük együtt rázkódott, azon tűnődtek, vajon, hogy ér véget a viharos kaland. Apának eszébe jutott nagyobbik fiának, Sándornak a születése, mely az Éva hurrikán megérkezésének kellős közepére, Hálaadás Napjára esett. A szigetet a vihar aznap úgy megtépázta, hogy a család négy napig áram nélkül maradt. Ezúttal az égi vihar erőtlenebbnek tűnt, legalábbis a szoba biztonságot nyújtó védelmében. A puha takaró alatt összebújva, mindenki szép lassan álomba szenderült.

"EGY TÖKÉLETES NAP"
VIHAR ELŐTTI PILLANATOK

MÁSODIK FEJEZET

Másnap reggel a család kristálytiszta kék égre és szikrázó napsütésre ébredt. Az ablak előtt meredő hatalmas hegylánc a reggeli fényben olyan élesen látszott, mintha távcsövön át nézték volna. Amikor azonban eltolták az üvegajtót, döbbenten látták, hogy a világ, amit korábban ismertek, szinte teljesen eltűnt. Kertjük helyén nem maradt más, csak romkupac. Növényeiket széttaposva, elsöpörve, gyökerestől kitépve találták. Egyedül csak a madarak trilláztak, csacsogtak önfeledten a viharról tudomást sem véve. Aztán egyszer csak a törmelékek felől furcsa, kétségbeesett csipogás hallatszott.

A fiúk a hang forrása felé indultak. A csatorna kivezető nyílása alatt, a megtépázott növényzet között egy kék, törött tojás lapult, benne egy nyálkás, idő előtt világra kényszerült fiókával. Az aprócska lény, átlátszó, pihék nélküli csupa-bőr szerzet volt. Kétségbeesetten és szüntelenül az anyját hívta, közben túlméretezett fejét a megmentők felé emelte.

Apa korábban arra tanította a fiúkat, hogy ne érintsék meg a pórul járt kismadarakat, mert ha az anya megérzi az ember illatát, elutasítja fiókáját. Ott kell hagyni őket, ahol vannak. A természet majd gondoskodik róluk.

„De Apa!" – kiáltotta Sándor. „A macskánk, Cica biztosan meg fogja enni a fiókát, ha felfedezi!""

„Ha a madármama nem jön vissza a fészekhez, mert elpusztult, a fióka is el fog pusztulni" – válaszolta apa – „Cica, ha erre jár és megtalálja a madárkát, majd jóízűen bekebelezi. A macska pocakja is a természet része!" Apa elmagyarázta, hogy a természet úgy tökéletes, ahogy van, és bármiféle emberi beavatkozás csak megtörné a táplálékláncot.

A fiúk elborzadva néztek apjukra és tiltakoztak a magyarázat ellen. Amikor a kétségbeesetten segítségért könyörgő fura szerzet mellé kuporodtak, apa is melléjük guggolt. Elmesélte, hogy a természet tökéletesen és harmonikusan működő rendszerben lett megalkotva. Az ember pedig sokszor nem segít, csak ront a helyzeten.

Apa belátta, hogy a magyarázat túl bonyolult és nem érthetik a gyerekek, ezért inkább azzal próbálta meggyőzni őket, hogy úgysem tudnák, hogyan kellene táplálni az apróságot. A fióka valószínűleg egy waii-i Mynah madár, amely körülbelül 3 perces időközönként gyümölcsöt és bogarat eszik. Lehetetlenség ne bogarak százait elkapni, amit a természetben a madárszülők könnyedén biztosítani tudnak fiókáik ámára.

iúk minden észszerű érvre meggyőző viszontválaszt adtak. Miközben a furcsa szerzet csipogása egyre lkult a kimerültségtől.

pa, " – kérdezte Dominik, a kisebbik fiú – te magad is édesapa vagy, hogy hagyhatsz akkor egy adárfiókát meghalni?"

a a megjegyzéstől meglepődve válaszolt: „Édesem, én egy ember apuka vagyok, nem pedig madár uka. Egy életöltő alatt sem tudnám megtanítani a madárnak, hogyan kell repülni." Persze apa már akkor tette, hogy elvesztette a csatát, és végül beadta a derekát. A gyerekek megtarthatták a madárkát.

m legyen, velünk maradhat! De ígérjétek meg, hogy ha a fióka gondoskodásunk ellenére elpusztul, nem ztek szomorúak!"
iúk ujjongtak. Apa gyengéden tenyerébe emelte a pehelykönnyű kis testet, és hagyta, hogy a gyerekek begyükkel finoman megsimogassák. A csöppség nedvesnek és hidegnek tűnt.

egyik fiúnak volt egy cipős doboza, amit tiszta, öreg zoknikkal bélelt ki. Apa pedig y palackot töltött meg meleg vízzel. A kis Mynah átölelte a meleg palackot. Aztán a paya lágy, narancssárga húsából egy kis pürét készítettek neki. Amikor a gyümölccsel i cseppentő megérintette a fióka csőrét, a kis száj automatikusan kinyílt a táplálékért. a egy hatalmas papayát tömött bele, amit a kicsi egy pillanat alatt lenyelt, készen va a következő falatra. A madárka teste olyan átlátszó volt, hogy látni lehetett amint étel a nyakától a gyomráig halad.

iúk felváltva etették, egészen addig, amíg a kis fej abba nem hagyta a ldulást és boldogan pihent meg ismét a meleg palack mellett. Apa ment a szomszédba, hogy segítsen rendbe rakni a megrongált varukat, és egy elektromos fűtőpárnával tért vissza. Kicserélte az digra már kihűlt palackot a fióka mellett.

„Eddig mindent jól csináltunk" – mondta apa. „De egyikőtöknek mindig abba kell hagynia a játszást és meg kell néznie a fiókát!" Persze, minden jó szándékuk ellenére a fiúk időnként teljesen belemerültek a játszásba és elfelejtkeztek ígéretükről.

A napok teltek-múltak. Sándor és Dominik szorgalmasan, felváltva táplálták az apróságot és rendszeresen kitakarították a cipős doboz alját.

Cica, a sárga szemű, nagy himalájai macska, egy nap felugrott a pultra, ahol a cipős doboz feküdt, benne a csemegének számító kismadárral.

A család árgus szemmel figyelte a fejleményeket. Cica, úgy tűnt, mérlegeli a helyzetet. Közönyösséget színlelve dörzsölgette mancsait, hangosan dorombolt, mint akin végtelen nyugalom ül, de szeme sarkából a madárkát figyelte. Mivel senki sem szólt semmit, Cica megközelítette a dobozt és rózsaszín kis orrocskájával megszagolta a fiókát. Apa persze mindeközben ugrásra kész volt arra, hogy közbelépjen, ha Cica egy rossz mozdulatot is tesz, vagy a macskavilág szabályai szerint épp a helyes döntést hozza meg.

CICA

Cica, fél arcát és hosszú bajuszát belesüllyesztette a dobozba és alaposan megvizsgálta annak tartalmát. Megérezte a kismadáron az emberszagot és abban a pillanatban rájött, hogy családtaggal áll szemben. A madár tabu lett, vagyis ahogy a hawaii-ak mondják, "tiltott zóna". Ez az oka annak, hogy a farmokon a farmerek macskái nem eszik meg a fiókákat. Cica végül a macskákra oly jellemző elégedettséggel az arcán lefeküdt a doboz mellé, és elheveredve nézte, amint a fióka kitartóan emelgeti fejecskéjét a véget nem érő etetéshez.

HARMADIK FEJEZET

Egy nap, amikor a madárka kis fejét elmozdította a cseppentő irányába, egyikük izgatottan felkiáltott: "Apa! Kinyíltak a szemei!" És valóban, nemcsak hogy nyitva voltak, de meseszépek is voltak a fekete szempillákkal keretezett hatalmas barna szemek. A madárka csontos kis teste fölé hosszú, szürke tollkabátot növesztett. Apa alig akarta elhinni, hogy sikerült megmenteniük a fiókát. Már nem aggódott amiatt, hogy a kismadár nem fogadja el szülőként őket. A kis Mynah úgy tűnt, emberként tekint saját magára, hiszen emberek voltak az első élőlények is, akiket születése után meglátott. Fogalma sem volt arról, hogy ő valójában egy Mynah madár, aki a viharban összetört tojásból kelt ki idejekorán.

A fiúk reggelente kipattantak az ágyból, amint az éhes fióka kérlelő hívását meghallották. A madárka egyre jobban kikerekedett. Kezdetben még csak gyenge kis szárnyára támaszkodott, de idővel fel tudott egyenesedni és úgy koldult élelmet. Telhetetlennek tűnt, ahogy a hatalmas mennyiségű étel elveszett hasában. A kemény munka hamarosan kifizetődött, mert a kismadár szépen fejlődött. Idővel megháromszorozta méretét, és szépen domborodó beggyel büszkélkedhetett.

A madarak naponta tizenhatszorosát eszik meg saját testsúlyuknak, ezért, ha valaki azt mondja, hogy annyit eszel, mint egy madár, akkor az bizony sértés, nem pedig bók!
A pelyhek helyére tömött, sötét tolltakaró került, mely úgy festett akár egy középkori páncélzat. Aztán eljött az a nap is, amikor a kismadár két lábra állt és a cipős doboz széléhez ugrált. Ez volt az a momentum is, amikor a kismadár kinőtte otthonát, ezért apa egy hordozható kalitkát rendelt Japánból.

hordozható kalitkának köszönhetően a madárka mindenhova a családdal tartott: a
randra, bevásárolni, a postára és különböző társadalmi eseményekre. Mindenki szerette a
s csöppséget és mindenkit az foglalkoztatott, vajon mi lesz vele, ha felnő és megtanul
pülni. A kósza gondolatot azonban hamar elhessegették, mert titokban mindenki attól
ttegett, hogy ez a nap valóban eljön egyszer.

mikor a fiúk benyújtották kezüket a kalitkába, a megerősödött kis fióka leugrott az ülőrúdról
 rászállt ujjaikra. A kis Mynah nemcsak ügyesedett, de külseje is sokat változott. Tollazata
 pról napra puhább és sötétebb lett. Hasa alatt fehér, elölről szénfekete lett. Fényes feje
ken, zölden és bíbor színben tükröződött a fényben. Szárnyvégeit fehér toll ékesítette, lábai
 rgán fénylettek. Szemeit sárgás, húsos maszk keretezte, mely a csőréig ért. Úgy festett,
intha álarcos bálra készülne. Jellegzetes szempillái, olyanok voltak akár egy emberé,
ilönösen akkor, ha pislogott. Aztán ahogy nőtt, sárga húsos ajkai a csőr körül
sszahúzódtak. A kis csöppségből hamarosan kamasz Mynah lett.

A MYNAH MINT EGY KAMASZ

Es most mi lesz? Vajon hogy fog repülni? Annak ellenére, hogy a család nagyon kötődött a kismadárhoz, mindenki egyetértett abban, hogy vissza kell engedni a természetbe, hogy társaihoz csatlakozhasson. De akkor honnan fogják majd tudni, hogy mi lett vele? Megismerik-e majd az égen repülők között megmentett madárkájukat? Attól a naptól kezdve egyre többet kezdtek olvasni, ismeretet szerezni a Mynah madarakról.

A Mynah madarak az indiai és ázsiai erdőkből származnak, de jobban kedvelik az emberi élőhelyeket. Gyakran élnek csatornákban. Acirodetheres Tristis-nek, vagy szöcske vadásznak is nevezik őket. Bár mindent megesznek, ami mozog, de leginkább a gyümölcsöket részesítik előnyben. Tojásaik világoskékek. Színük régiónként eltérő.

Míg Balin fehérek, Hawaii-on a szokásos barnás-fekete Mynah madarakat találjuk. Társaikkal általában csapatban élnek. Egyik legjellegzetesebb viselkedésük a "bíráskodás". Ezek alkalmával körbevesznek egy csapattagot, és kiabálnak, táncolnak körülötte. A kiválasztott egyedet megcsipkedik és megbüntetik egy időre. Méltóságteljes, hosszú léptekkel sétálnak körülötte, magasba emelt lábakkal, akár a gémek. Aztán nagyobb sebességre kapcsolnak, és ugrálni kezdenek, mint a verebek. Lenyűgöző szertartás!

Ahogy a kismadár erősödött, apa tudta, hogy a növekedéséhez több fehérjére van szükség. Egy nap, amikor hamburger pogácsák készültek, a kis Mynah a konyhapult körül ugrándozott és érdeklődve belecsípett a nyers húsba. És láss csodát, a hús íze remek volt! Apa látta, hogy annyi húst falt fel, hogy egészen kidülledt a hasa tőle. Miután az evéssel végzett, csőrének egyik és másik oldalát is beletörölte a konyhai törülközőbe. Aztán átugrott az ülőpadjára és elégedetten elaludt. Apa dilemmája ezzel meg is oldódott. Már nem kellett többé legyeket üldözni a ház körül, férgeket kiásni

vagy szöcskéket kapdosni. Mostantól a kis Mynah a szó szoros értelmében belakta a házat.
A kalitka tetején végzett műrepülő mutatványok és a sok szárnycsapkodás ellenére, a kismadár még mindig nem tudott repülni. Legszívesebben a fiúkkal aludt, és érdekes módon sosem piszkított az ágyukba.

Egy hétvégén, apa arra ébredt, hogy valaki a hálószoba felől szólongatja: "Apa, apa!" Apa félálomban kiáltott vissza: "Csönd! Még alszom, menjetek inkább játszani!"

De a hívogató hang csak nem hagyta abba, így végül apa felkelt, hogy megnézze mi olyan sürgős. Megállt a gyerekszoba ajtajában, de úgy tűnt, a fiúk még alszanak – vagy esetleg csak színlelték az alvást???

A KIS MYNAH KALITKÁJA HELYETT INKÁBB A FIÚKKAL ALUDT

Hirtelen egy Sándoréhoz teljesen hasonló hang hallatszott a háta mögül: "Apa! Apa!" Apa annyira megijedt, hogy majdnem hanyatt esett. Aztán átsétálva a másik szobába, a kalitka tetején meglátta a kis Mynah madarat, amint félredöntött fejjel pajkosan néz rá. Tollait felborzolva kitotyogott az ülőrúdjára. Apának eszébe jutott, hogy a Mynah madaraknak remek mimikájuk van és rengeteg emberi szót vagy akár más madarak hívójelzéseit is képesek megtanulni. A biztonságos leszállásban bízva, a madárka apa karjára ugrott és teljes ártatlansággal nézett fel rá. Apának a csodálkozástól kikerekedtek szemei és alig várta, hogy a nagyszerű hírt megoszthassa a gyerekekkel. Gyorsan felébresztette őket, de bármennyire is igyekezett a kis madarat beszédre és repülésre csábítani, az csak nézett rá üres tekintettel, bolondnak tűntetve fel őt gyerekei előtt. És ami még ennél is bosszantóbb, érezte, hogy a kismadár szándékosan szúr ki vele!

NEGYEDIK FEJEZET

A család teljesen oda volt a madárért, aki az egész házat tetőtől talpig belakta. A fiúk édesapja művész volt, aki otthonát igényei szerint maga tervezte és alakította ki. A 16 láb magas stúdió alatt még 4 lakószint helyezkedett el. A ház középső részéhez egy mély árok felett kialakított függőhíd vezetett el. A bejárat két óriási sárgaréz ajtó volt. Festés közben édesapa nem szerette, ha zavarják, ezért ilyenkor bezárta az ajtót es felhúzta a függőhidat. Kívülről a ház belesimult a természet adta vonalakba és formája az egekig nyúló Olomana hegyet utánozta.

AZ ÁROK FELETT ÁTÍVELŐ FELVONÓ, TETEJE A HEGYGERINC ÍVÉT KÖVETI

A kismadár számára minden felfedezés gyerekjátéknak tűnt. Felugrott a stúdió felé vezető lépcsőre. Belesett minden zugba, különösen a stúdióba, ami tele volt ecsetekkel, festékekkel, különböző méretű vásznakkal és mindenféle ronggyal. A kis Mynah szerette elkapni és rángatni a zsinórokat. Ha valaki meglátogatta a családot és cipőfűzős cipőben volt, ő azonnal megtámadta a fűzőt és általában kioldotta a csomót. A fiúk megfigyelték, amint a házban lévő tárgyakat úgy mozdította meg, hogy fejét megdöntve bekukucskált a tárgyak alá, csőrét pedig szerszámként használva bedugta a tárgyak alá és megragadta őket. Ezt látva a nagyobbik fiú, Sándor felkiáltott: "Legyen a madárka neve Csipesz, mert állandóan úgy használja csőrét, mint egy csipeszt!"

Dominik, - aki szinten nem akart lemaradni a névadásról, hiszen ő is imádta a tollas barátot - hozzátette: "Legyen inkább Csipesz Mipesz!"

"És ez mit jelent?" - kérdezte Sándor Dominikot. "Igazán semmit, de nekünk is két nevünk van, nem? Szóval, ha egy nevet adunk neki, az nem lenne igazságos."

Így aztán Sándor azt mondta Csipesznek, aki addigra már szőke fején ücsörgött, "Ma, Csipesz Mipesz ünnepélyesen lovaggá ütöttek, és egy madár ilyen nagyszerű névvel, nem élhet úgy, hogy ne tudna repülni!"

OLOMANÁT ABLAKOK SZEGÉLYEZTÉK

"Hogyan tudnánk megtanítani rá?", kérdezte Dominik. "Hiszen mi magunk sem tudjuk, hogyan kell repülni."

Sándor azt javasolta, hogy vigyék fel Csipeszt a stúdióba és dobják ki az erkélyről!

"Ne!"- mondta Dominik. "Ki fogja törni a nyakát!"

CSIPESZ MIPESZ TELJES TOLLAZATBAN, REPÜLÉSRE KÉSZEN

Sándor megnyugtatta testvérét, hogy a kismadár, készen áll a repülésre. Így aztán nagy egyetértésben felszaladtak a lépcsőn és fittyet hányva a figyelmeztetésre, a levegőbe dobták Csipeszt.

Abban a pillanatban a világ megállt a kismadár számára. Úgy tűnt, fogalma sem volt arról, hogy mi történik vele. A tárgyak villámgyorsan tűntek el a látóköréből. Utazásának startállomása a messzibe veszett. A padló pedig még sosem közeledett ilyen gyorsan felé! Nem tudta mit tegyen, hiszen mióta létezett, emberként élt, és eddig még sosem látott ebben a házban embert repülni. Szélsebesen haladt el a festmények előtt, aztán valahol félúton járt a bejárati ajtó, az étkező és a mennyezetre függesztett kötelek között, mikor egyszer csak ösztönösen kitárta szárnyait. De túl késő volt! Hatalmasat puffant a kemény és lapos heverő karfáján. Végtelen fájdalmat érzett minden porcikájában, és szédült a félelemtől. Mielőtt megtudhatta volna, hogy miért tették ezt vele, vagy akárcsak egy lélegzetet vehetett volna, a srácok már ismét az erkélyen voltak. Csipesz rémülten nézett a szakadékba, ahol éppen csak túlélte a kikényszerített Kamikaze mutatványt.

A fiúkat meglepte kismadár kudarca. Végtére is, a madaraknak tudniuk kellene, hogyan kell repülni! – gondolták. Ezért úgy döntöttek, hogy Csipesznek valószínűleg több gyakorlásra van szüksége. De még mielőtt Csipesz mindezt felfoghatta volna, már ismét repült. Így aztán az újabb ütéstől való félelmében szárnyával eltakarta szemét. Ezzel a mozdulattal elegendő levegőt tudott felfogni ahhoz, hogy lelassítsa esését. Csipesz ezúttal leszálláskor párnákba ütközött, megidézve a Wright fivérek első próbálkozásait Kitty Hawk-nál.

DOMINIK ÉS SÁNDOR,
A REPÜLÉS SZAKÉRTŐK

MADÁR PERSPEKTÍVA –
ELSŐ REPÜLÉS

KILÁTÁS CSIPESZ
ELSŐ INDÍTÓPULTJÁRÓL

A zuhanást követően kétszer is megpördült és felborult. Majd arra sem volt ideje, hogy magához térjen, mert ismét a kilövő állomáson találta magát. És akkor, hirtelen valami megvilágosodott előtte. A legutóbbi alkalommal korábban és szélesebben tárta ki szárnyait és elkezdte gyorsan csapkodni őket. A repülés így már összehasonlíthatatlanul jobb volt! A fiúk ujjongtak örömükben, mert Csipesz végre úgy érkezett meg, ahogyan azt egy madárnak illik.

Ez a nap tele volt véget nem érő szaltókkal, és Csipesz is egyre jobban kezdte élvezni újonnan szerzett repülési tudományát. Mire édesapa hazajött, Csipesz már biztos szárnycsapásokkal indult rövid bevetésekre két bútor között, és örömében hangosan sikoltozott.

A kezdeti örömujjongás után egy kis szomorúság költözött a szívükbe. A család rájött, hogy hamarosan nem lesz mentség, vissza kell engedni Csipeszt a természetbe, abba az életbe, mely méltó egy Mynah madárhoz. Senki sem hozta fel a témát, abban a reményben, hogy majd mindenki elfelejti. De valójában valamennyien ugyanazzal a borongós érzéssel szívükben tértek nyugovóra aznap este.

CSIPESZ KIREPÜLT A VÖLGYBE

ÖTÖDIK FEJEZET

Elérkezett a rettegett nap. Nehéz szívvel tették meg az előkészületeket. Csipesz utoljára nyers hamburgerhúst kapott a fiúktól. Apa pedig előkeresett egy katonai távcsövet, amivel majd nyomon követhetik a kismadár beilleszkedését a Mynah közösségbe.

Mondani sem kell, hogy a fiúknak potyogtak a könnyei, miközben búcsú puszit nyomtak Csipesz kobakjára. Tisztában voltak azzal, hogy talán sosem látják viszont kis barátjukat. Félelem és kétségek között őrlődve azon tűnődtek, vajon mi lesz Csipesszel az ismeretlenben. Még az is lehet, hogy megeszi egy macska, mivel nem tudja, hogy tartania kellene tőlük? Csipesz számára ugyanis teljesen természetes volt, hogy délutáni alvásait rendszerint Cica puha bundakabátjában töltötte. Vajon elpusztulna egy újabb viharban? Vajon sikerül majd élelmet és barátokat találnia? És mi lesz akkor, ha a Mynah közösség elutasítja őt?

Nyugtalanító kérdések kavalkádja cikázott ide-oda a fejükben. Egyszer csak apa Csipeszt feldobta abba az irányba, ahonnan ketrecéből ismerős kilátás nyílt az Olomana hegyre. A kismadár ügyesen a levegőbe emelkedett, majd szárnyait csapkodva elkapta az első meleg légáramot. Azonnal érezte, hogy ez most más érzés, mint repkedni körös-körül a házban. Nem voltak falak és határok, csak a végtelen tér és felette a végtelen kék ég. Hirtelen minden más megvilágításba került, és egy izgalmas és eddig nem ismert érzés töltötte be a szívét. Csipesz egy pillanatra elfelejtette a múltat és megcsapta egy új, ismeretlen világ szele. Egyre magasabbra és messzebbre merészkedett a háztól, ahonnan a család összeszorult szívvel figyelte hogyan távolodik tőlük kis barátjuk.

Az erős passzátszelek árama könnyedén felemelte és alatta a házak zsugorodni kezdtek. Gond nélkül siklott a buja zöld völgy felett, ahonnan virágok, érett mangó, banán és liliki illata csapta meg.

Körülnézve egy csoport majomkenyérfát pillantott meg maga alatt. Farktollait ügyesen oldalra forgatva és szárnyait lefeszítve, előkészítette a puha leszállást. Ez volt az első, tökéletes megérkezése, mióta a fiúk repülni tanították. Sándor és Dominik lázasan kapkodták ki egymás és apjuk kezéből a távcsövet, hogy láthassák amint Csipesz a majomkenyérfa ágára ereszkedik egy csapat zajos madár közé. Csipesz egyszer csak ott termett közöttük! A család lélegzetvisszafojtva figyelte sorsát. Mi lesz, ha a többiek elutasítják, vagy ami még ennél is rosszabb, egy területét védelmező, ellenséges Mynah-csoport az életére tör? A madársereg hirtelen elhallgatott és egészen addig patthelyzet alakult ki, míg a banda felmérte a semmiből közéjük pottyant idegent.

"Milyen furcsa lények!" – gondolta Csipesz, ahogy közeledett feléjük. Azon tűnődött, hogy kik lehetnek ezek, hiszen azelőtt sosem találkozott hozzájuk hasonló teremtményekkel. Végtére is ő ember, azzal az apró különbséggel, hogy jobban tud repülni, mint embertársai!

A repülés során a szél felborzolta tollait, így elkezdte rendbe szedni azokat. Sándor szemét a távcsőhöz szegezve feszülten figyelte és kommentálta a kismadár minden mozdulatát. A Mynahok pedig egyre csak folytatták azt, amihez a legjobban értenek: fecsegtek és ide-oda ugráltak. Pillanatok alatt el is felejtkeztek az új jövevényről. Csipesz, miután befejezte a tollászkodást, megrázta kis testét, és újra a levegőt szelte kiélvezve az eddig nem ismert bódító érzést, a szabadságot. Több széles kört is leírt, mígnem rátalált a megfelelő légáramlatra, mely a magasba repítheti. Lassanként már csak apró pontként látszott a messziségben. Egyszer csak végleg eltűnt. Elment!

Hazaérkezve mindenkire mély hallgatás és szomorúság ült rá. Dominikot – lévén a legfiatalabb – sújtották le leginkább a történtek. Elbújt a kert sarkában, ahol senki sem láthatta és sírdogált. Néhányszor még el-elnézett arra, amerre Csipeszt utoljára látta körözni, de az égen nyoma sem volt a madárnak.

HATODIK FEJEZET

Órák teltek el azóta, hogy Csipeszt utoljára látták. "Talán jobban hiányzik nekünk, mint amennyire Csipesznek mi" – merengett az édesapa. Elvégre, mióta megmentették az életét, szinte minden napot, sőt órát a kismadárral töltöttek. Etették, játszottak vele, de leginkább ölelgették, mert Csipesz annyira szerette meleg tenyerükbe fészkelni magát. Étkezésekkor rendszeresen körbeszaladta az asztalt, hogy mintát vegyen mindenki tányérjából. Ha apa épp festett, Csipesz a vállán lovagolt és lenyűgözve bámulta minden egyes ecsetmozdulatát. Egy nap, amikor apa komolyzenét hallgatott, arra lett figyelmes, hogy Csipesz nemcsak hogy tökéletesen elfütyüli a Mozart darabot, de másnap a dallam nagy részét kívülről elismétli. Apa gondolatai aztán ismét elkomorultak. Azon töprengett, hogyan fogják megosztani a hírt barátaikkal, szomszédjaikkal, akik hozzájuk hasonlóan szerelmesei voltak a kismadárnak. A nap lassacskán eltelt és könnyű esti zápor söpört végig a hegyek felett többszörös szivárványt rajzolva az égre. Az esőből vízesések fakadtak, melyek a hegyormokról lezúdulva együtt zokogtak a családdal.

Alkonyatkor apa felkapcsolta a lámpát, megterítette az asztalt és vacsorázni hívta a mélabús fiúkat. Persze mondani sem kell, hogy csak étvágytalanul tologatták az ételt. A kinti fények halványulni kezdtek és a szobát belengte a bánat, hogy Csipeszt végleg elveszítették. Kétség gyötörte őket. Lehet, hogy hiba volt Csipeszt egyedül hagyni az éjszaka sötétjében, féltő barátok nélkül? Ahogy csendben, maguk elé bámulva üldögéltek, kezeiket ólomsúlyként húzták az evőeszközök, és vacsorájuk lassanként kezdett kihűlni.

Hirtelen finom szellő csapta meg arcukat. Egy árnyék suhant át az asztal felett, majd valami a kalitka peremén motoszkált. Ahogy odakapták fejüket, látták amint Csipesz rutinos mozdulatokkal kalitkájának ülőkéjére ugrik, mintha az elmúlt órákban mi sem történt volna. Abban a szempillantásban felugrottak, hogy viszontláthassák kincsüket. Csipeszt olyan puszi eső halmozta el, mint még soha. Apa a megkönnyebbüléstől pedig csak annyit tudott mondani, hogy: "Rendben. Hát végre hazatért!"

Akkor tudatosult csak mindenkiben, hogy Csipesz nem egy közönséges madár, hanem családtag, aki sosem fog madártársaihoz kötődni. Attól kezdve nyitva hagyták számára az ajtót, hogy a szabadban kedvére turkálhasson a bogarak és gyümölcsök között. Akkor jöhetett-mehetett, amikor csak akart, akárcsak a család többi tagja, hiszen biztosra vették, hogy mindig visszatér hozzájuk.

NINCSENEK SZAVAK ARRA, AMIT AKKOR ÉREZTEK

CSIPESZ VISSZATÉRT!

HETEDIK FEJEZET

Ha esett, ha fújt, Csipesz minden reggel a tolóajtónál várt, hogy kirepülhessen és megszerezhesse a reggelire valót. Felfedezőútjai a ház körül rendszeressé váltak, mintha csak madáriskolába járt volna. Első szabad repülése óta sosem merészkedett az udvarnál távolabb, hacsak nem kísérte el éppen a családot hosszú sétaútjaira. Jól tudta, hol érik a papaya és hol lehet a legszaftosabb bogarakat, férgeket a vastag mondó fű közt megtalálni.

Egy belső hang pedig megsúgta neki, hogy bizonyos növényeket és virágokat messze el kell kerülnie. Hawaii ugyanis tele volt gyönyörű, de mérgező virágokkal, mint amilyen például a pluméria.

Csipesz órákig tudott a levelek árnyékában ücsörögni és bámulni a madarakat, eltűnődve saját életén miközben tollait igazgatta. Időnként vissza-visszarepült a házba, hogy ellenőrizze családját, ha azok éppen nem játszottak odakinn. Rendkívül intelligens volt. Az emberek egymás sértegetésére használt "Annyi eszed van, mint egy madárnak!" kifejezés, bóknak tekinthető, ha ismerték volna Csipeszt. A kismadár szókincse egyre bővült és megtanult bújócskázni is. Pontosan tudta, hogy mikor kell hunynia és mikor elbújnia a srácok elől. Azzal is tisztában volt, hogy ha valaki megtalálja, akkor kiáltani szokás. A fiúk a legkülönbözőbb helyeken bújtak el a házban, de Csipesz mindig megtalálta őket. Csipesz ellenben csak egyetlen helyet jelölt ki maga számára a heverő párnája mögött. Így aztán mielőtt leült valaki a heverőre, mindig be kellett kukkantani a párna mögé, mert előfordult, hogy a kis madár épp bújócskát játszott. Egyetlen egyszer fordult elő, hogy stratégiát váltott és máshova bújt.

Senki sem tudta megtalálni, pedig már minden lehetséges helyet átkutattak. Sándor és Dominik többször is hívta őt, de hiába. Végül a srácok feladták a keresést, arra gondolva, hogy Csipesz előbb-utóbb úgyis megunja a játékot, vagy éhes lesz és előmerészkedik. Leültek rajzfilmet nézni. Már több részletten is túl voltak, amikor látták, hogy egy parányi alak jelenik meg a TV peremén. Dominik felkiáltott, "Ott van, ott van Csipesz! A TV mögé bújt!"

Csipesz a neve hallatán azonnal tudta, hogy lelepleződött és amilyen hangosan csak tudott, felsikított. Vadul csapkodta szárnyait, majd a fiúk mellé ült a heverőre. Nem sokkal az eset előtt, emberi viselkedéstárába felvette a nevetés-t is, és azt is pontosan tudta, hogy mikor kell használnia. Nos, ez a pillanat épp megfelelő volt arra, hogy bemutassa tudományát! Megállás nélkül nevetett.

CSIPESZ A
TV TETEJÉN

NYOLCADIK FEJEZET

Csipesz teljesen önálló lett. A ház már nem volt többé a kalitkája. Szabadon, kedvére repült ki-be. A családnak csupán a ketrec alját kellett rendszeresen tisztítania, ahol sziesztázni szokott és egy nagy tálba vizet kellett töltenie a rendszeres fürdőzésekhez. Csipesz éjjelente a fiúkkal aludt, befészkelve magát meleg fejecskéjükhöz. Ébredéskor mindenki üdvözölte egymást. Csipesznek is megpuszilták tollas kobakját vagy kezükbe véve megcirógatták. A kismadár nagyon szerette, ha kényeztették. Ha meg tudta volna tanulni Cica dorombolását, biztosan dorombolt is volna. Amikor csak hívták, odarepült hozzájuk és egy kitárt karra, fejükre vagy vállukra szállt.

Egy nap a szokásos reggeli szertartás után kinyújtóztatta szárnyait és lábait. Sárga csőrével nagyot ásított és nyakát teljesen kinyújtva megrázta fejét. Felfújta és vadul megrázta magát, hogy megszabaduljon elhalt tollaitól. Kiment a kertbe hogy csemegézzen egy rózsaszín, tüskés murvafürt bokron. A gazdag hawaii-i éléskamrának köszönhetően, perceken belül rátalált néhány hangyára, egy-két zamatos féregre, de a nehezebben becserkészhető, izgága csótányra is.

TÜSKÉS FRANGIPÁNI

EGYIKE A KIPUSZTULÁSRA ÍTÉLT MADARAKNAK, A NUKUPU'U

Cica a kertben, egy bokor alatt heverészett, alvást színlelve az éjszakai vadászat után. Puszta szórakozásból a szeme sarkából mindig Csipeszt figyelte. A kismadár pedig, aki nagy biztonságban érezte magát Cica mellett és kedvelte a macska társaságát, most legszívesebben odaugrott volna barátja mellé, hogy letelepedjen puha bozontos bundájához és szundítson egyet. Felettük húsos, illatos virágok lengedeztek a polinéz reggel lágy szellőjében. Nem messze tőlük a trópusi növények lapos, fényes levelei susogtak. Az udvarnak egy távoli, szomszédok által elhanyagolt sarkában telepedtek le. Közel ahhoz a helyhez, ahol egy tányéron hevert a szomszéd kutyusnak kikészített vacsora maradék. A sült csirke hívogató illatára valaki más is figyelmes lett …

Cica látta meg legelőször az ínycsiklandó étket. Aztán egyszer csak két patkány vagy menyét kinézetű szerzet lopakodott ki a bozótból, hogy elkobozza a tányér tartalmát. Mongúzok voltak, kis imádnivaló arcocskákkal, karcsú termettel és bozontos farokkal. Hawaii-i farmerek hozták be őket Indiából a szigetre, hogy végezzenek a patkányokkal, amik tönkretették a cukornádültetvényeiket. Indiában a mongúzok féltve őrzött kisállatok, mert megölik a mérges kígyókat. Hallottál Rikki-Tikki-Tavi történetéről, aki megmentette egy család életét egy csúnya, mérges kobrától? De a Hawaii-i farmerek nem tanulták meg jól a leckét! A patkányok ugyanis éjjel vadásznak, míg a mongúzok nappal aktívak. Sajnos a Hawaii-i mongúzok és a patkányok útjai sosem keresztezték egymást, így valami más eleség után kellett nézniük. Mivel Hawaii-on nincsenek kígyók, ritka szép madárból viszont annál több akad, a mongúzok madártojásokat és fiatal madarakat kezdtek fogyasztani, megtizedelve ezzel számos fajt és felborítva az ökológiai egyensúlyt.

Cicának és Csipesznek persze minderről fogalma sem volt! Mindenesetre Cicának felállt a hátán a szőr és ösztönösen rossz érzése támadt a betolakodókat megpillantva. Csipesz, aki magára emberként tekintett, teljesen megfeledkezett az esetleges veszélyről. Úgy döntött, hogy közelebbről szemügyre veszi az új barátokat és odaugrik üdvözölni őket.

MONGÚZOK A KERTBEN

Amikor közelebb ért a barátságosnak tűnő játszótársakhoz, az egyik felnézett és olyan ördögi pillantást vetett Csipeszre, hogy az azonnal halottnak tetette magát. És majdnem az is lett belőle, mert a két mongúz szeme felcsillant, amint megpillantotta a száraz csirke maradéknál sokkal frissebb Csipesz-húst. A másodperc töredéke alatt a levegőbe emelkedtek, hogy lecsapjanak a tétova madárra és széttépjék őt.

Apa észrevette és fotózni kezdte a mongúzokat az ablakból. Még sosem látta őket korábban a völgyben. Az újdonságon felbuzdulva teljesen megfeledkezett Csipeszről. Egyszer csak hátborzongató sikolyt hallott, amitől megállt a vér az ereiben. Villámcsapásként érte, hogy a mongúzok rátámadtak Csipeszre. Minden egy szempillantás alatt történt és a jelenet biztosan Csipesz halálával végződik, ha Cica nem lett volna olyan éber. A macska hatalmas porfelhőt kavart, amint a heves küzdelemben fogait és erős karmait belesüllyesztette a rajtaütött mongúzokba. A fogak, körmök csatájában és szőrök kavalkádjában kivehetetlen volt a harc állása. Az egyetlen, amit apa a káoszban látott, hogy egyszer csak a két barna test szélsebesen eltűnik a bozótban, majd még utoljára az egyik visszanéz, véres szájával és éles fogaival dacosan Cica felé vicsorogva.

A macska minden szőrszálát az égnek meresztve kétszer akkorának látszott, mint amekkora valójában, készen állva egy újabb támadásra. Kivillantotta éles fogait és a mongúzok felé fújt. A kábult, összezavarodott és por lepte Csipesz, a jelenet után végre magához tért és felrepült egy biztonságot adó fára. Apa percekig bénultan állt az ablak mögött, majd lassanként visszaereszkedett a valóság talajára és cselekedett. Kezéből kiejtve a fényképezőgépet, a helyszínre szaladt, hogy lássa mi történt házi kedvenceikkel.

Csipesz egy ágon csücsült és a Mynahok jellegzetes hangján kiabált. Cica csöndben ücsörgött. Mély, húsig hatoló sebeit nyalogatta, bordái felett véres csontjai meredeztek. Az egyik mongúz csúnyán elbánt vele, sikerült belémélyesztenie fogait és alaposan megtépnie őt.

"Mennyi minden tud történni egyetlen szempillantás alatt!" – tépelődött magában apa. Mindössze néhány perc és a szeme láttára pusztul el kedvenc háziállata. Sándor és Dominik iskolában voltak, így apának volt ideje elvinni Cicát az állatorvoshoz, nehogy a macska veszettséget kapjon a mongúzoktól. Emellett szerette volna elkerülni, hogy a fiúk felfigyeljenek a mély sebekre és aggódjanak. Cica megadóan hagyta, hogy betegyék a kocsiba, annak ellenére, hogy gyűlölte az autós utakat.

CICA MEGTÁMADTA A MONGÚZOKAT

KILENCEDIK FEJEZET

Sándor és Dominik Magyarországon, édesapjuk szülőföldjén nyaraltak, de gondolataik gyakran vissza-visszakalandoztak Hawaiira és arra, hogy vajon hogyan tölti idejét Csipesz. Hosszú út állt a fiúk mögött. Elhagyva Hawaii-t, először Kaliforniába repültek, majd az Északi-sarkon át Európába. A németországi átszállást követően alig telt el 2 óra és Magyarországra, annak régmúltra visszatekintő fővárosába értek. Budapesten aztán felszálltak egy öreg vonatra, mely délnek tartott és a Balaton partja mentén robogott egészen addig, míg el nem érte a családi nyaralót. Korábban mindig azt kívánták, bárcsak hosszabb lenne a nyár! De nem ezen a nyáron! Sándor és Dominik nehezen viselte a távollétet Csipesztől, és minden nap azon töprengtek, vajon a kismadár élvezné –e a velük töltött időt a Balatonnál. A család nehéz szívvel vált el és hagyta Csipeszt Hawaii-on. Az utolsó két hét már végtelenül hosszúnak tűnt. Mindenki arról beszélt, hogy mennyire hiányzik a kismadár és számolni kezdték a napokat a viszontlátásig.

Úgy tervezték, hogy megérkezésüket követően első útjuk Maunawili völgyébe vezet, egy barátjukhoz, aki távollétükben Csipeszre vigyázott. Barátjuknak egy használt könyvkereskedése volt Kailua városában. Csipesz egy nagyobbacska kalitkában kapott helyet, közel a pénztárgéphez, mivel nagyon szeretett új ismeretségeket kötni, különösen akkor, amikor szabadsága korlátozva volt.

Abban is megállapodtak, hogy Csipeszt semmilyen körülmények között sem lehet a madárlakból kiengedni! Sándor és Dominik ugyanis attól tartottak, hogy a kismadár keresésükre indul és útközben elveszik vagy elpusztul. Sándor igyekezett Dominikot megnyugtatni és türelemre inteni. Még utoljára fürödtek egyet a tó meleg vizében, majd besiettek a házba és csomagolni kezdtek.

SÁNDOR DOMINIKOT VIGASZTALJA A BALATONNÁL, AZTÁN IRÁNY HAZA CSOMAGOLNI

TIZEDIK FEJEZET

Az utazás végtelenül hosszúnak tűnt. Már alig várták, hogy újra kezükbe tarthassák Csipeszt, és remélték, hogy nem esett semmi baja. Úti céljukhoz közeledve elcsodálkoztak azon, hogy a mesés trópusi sziget, Oahu mennyire más, mint a világ többi része. Mindent virágillat borított és a repülőteret szegélyező fákon vad Mynah madarak gyűltek hangos fecsegésre, szokásos lármát csapva maguk körül. Otthonukhoz közeledve egyre fogyott a türelmük. Az esőerdőkkel borított, magas Pali hegyeken át vezető vadregényes kocsiút sem tudta elterelni Csipesz körül forgó gondolataikat. Végül felértek a házhoz vezető felvonóhídhoz. Majd szétvetette őket az izgalom! Ledobták csomagjaikat és csapot-papot otthagyva, egyenesen a könyvesbolt felé vették útjukat.

Hatalmas várakozással léptek be az ajtón. De még mielőtt a viszontlátás eufóriája magával ragadhatta volna őket, furcsa látvány tárult a szemük elé. Csipeszt, szigorú utasításaik ellenére a kalitkán kívül találták!

A kis könyvesbolt szokatlanul tele volt zsibongó gyerekekkel és szüleikkel, akik mind olyan könyveket vásároltak, mint azelőtt soha. A bolt régebben nagyon csendes volt, csak elvétve tévedt be egy-két vásárló.

Még mielőtt Csipesz észrevehette volna az újonnan érkezetteket, a tulajdonos lehúzta az antik pénztárgép karját egy csengő hang kíséretében... csing-ling, csing-ling. Majd az alsó fiók kivágódott és a nyílásában megjelent a számla. Csipesz olyan büszkén ugrott fel a pultra, mintha a hely teljesen az övé lett volna. Várakozás teli tekintettel nézte a gépet. Amikor a csing-ling megszólalt és a fiók kilökődött, ügyesen magasba emelte magát. A nyíláshoz rohant, megragadta a fehér számlát és kikapta onnan. Úgy tartotta sárga csőrében, akár egy férget.

Miután megszerezte a zsákmányt, körbenézett, és annak a szerencsésnek a karjára repült, aki épp széttárta azt. Csipesz egyenesen az illető tenyerébe helyezte a papírdarabot. Az előadás végén mindenki ujjongott és tapsolt. Olyan összetett mutatvány volt ez, amire csak ezek a briliáns madarak képesek! A család lenyűgözve és büszkeséggel eltelve bámulta kis kedvencét.

Csipesz egyszer csak észrevette a családot, amint döbbenten áll az ajtónál, az ujjongó tömeg mögött. A felfedezés örömére egy hirtelen kiáltás szakadt ki belőle, ugyanaz a hang, mint ami bújócskázáskor megszokott volt. A találkozás elsöprő élmény volt mindenki számára. Agyon puszilgatták és csaknem halálra ölelgették a kismadarat, amit az egy percig sem bánt. Kis fejében valószínűleg végig az motoszkált, hogy már sosem fogja viszontlátni családját. Végtére is elhagyták őt!

A kis csapat különleges ajándékokat hozott Magyarországról barátjuknak, cserébe azért, hogy gondját viselte házi kedvencüknek. Gyorsan köszönetet mondtak mindenért, majd Csipesszel a kezükben az ajtó felé igyekeztek. A rémült bolttulajdonos azonban, egy hirtelen mozdulattal becsapta előttük az ajtót. "Nem, nem, nem! Még nem mehettek el! Beszélnünk kell egymással!" A tulaj olyan ijedtnek és kétségbeesettnek tűnt, hogy apa arra gondolt, talán nem kárpótolta megfelelően a madár gondozásáért cserébe. Zavartan nyúlt a pénztárcájáért. "Nem, nem! Úgy látom, nem értesz. Meg szeretnénk venni Csipeszt! - "Tessék? Nem! Ez teljességgel lehetetlen!" - Válaszolta apa, olyan szorosan magához ölelve a madarat, mint még soha. Csipesz fészkelődni kezdett a kezében, és nem értette, miért tartják kalodában. Megpróbált elmenekülni, de érzései teljesen összezavarták. El volt ragadtatva attól, hogy viszontláthatta családját, ugyanakkor nem akart lemondani szeretett új játékáról, a csengőről és a papírról sem. "És mi lesz a rajongókkal? " – tűnődött Csipesz - Nem jöhetnének esetleg ők is haza velük?" Teljesen tanácstalan volt.

"Mióta két hónapja elmentetek és Csipesz rájött, hogy milyen jó szórakozás a pénztárgép, bevételünk megnégyszereződött és az üzlet egy csapásra ismertté vált. Az emberek még

Honoluluból is eljöttek hozzánk, hogy láthassák a "Csodálatos Mynah madarat". Még az üzletünket is róla neveztük el! Gondolj csak bele, hogy menyire megváltoztatta az életünket! Te magad is tudod, hogy egy jól gondozott Mynah, akár 35 évig is elélhet. Szükségünk van rá! El kell adnod nekünk! Hajlandóak vagyunk akár 2000 dollárt is fizetni érte!"

Egy pillanatig mindenki dermedt csendben állt. Zavarukban szóhoz sem jutottak. Természetesen nem állt szándékukban lerombolni barátjuk frissen felvirágoztatott üzletét, de semmi esetre sem szerettek volna megválni Csipesztől, szeretett családtagjuktól. A világ egyetlen kincséért sem!!

Az ajánlattétel és a heves tiltakozás után, nagyon kínos volt a búcsúzás. Barátjuk, látva, hogy győzködéssel semmire sem megy, dühössé és ellenségessé vált. Végül kétségbeesésében könyörögni kezdett. Az egész jelenet nagyon megviselte a családot és kínzó bűntudatot ébresztett bennük. Teljesen össze voltak zavarodva és szörnyen érezték magukat. A rég áhított viszontlátás rémálommá vált! Bepakoltak a kocsiba és amilyen gyorsan csak lehetett, a jó meleg otthon felé hajtottak. Csipesz a hátsó ablakon bámult kifelé és szomorúan nézte, amint fellépéseinek színhelye - a könyvesbolt -, lassan eltűnik a messzeségben.

Miután megérkeztek a házhoz, Csipesz körberepülte az ismerős helyeket és üdvözölte Cicát, akit távollétükben a szomszédjuk etetett. Hamar visszazökkentek a mindennapokba és újra örültek egymás társaságának. A család megint együtt volt. Furcsamód, azóta sem hallottak barátjuk felől és Csipesz sem említette többet a pénztárgépet.

CSIPESZ ELŐADÁSA A PÉNZTÁRGÉPEN

MÁSODIK RÉSZ

ELSŐ FEJEZET

A honolului reptér kifutópályájára kigördülő 747-es járat törzse olyan volt, akár egy szöcske dundi hasa. Szintültig tele volt holmiijaikkal, amikor elindultak Connecticut-ba, elhagyva a szeretett Hawaii-t. Izgatottan szálltak fel a repülőgépre, kezükben a kalitkával. Apa kinézett a kis ablakon és tekintete megpihent Polinézia kék egén. A mélyben látta a zöld szigetekkel megszórt Csendes-óceánt, a fehér homokos strandokat, melyek olyanok voltak, mint mikor Hawaii-i táncosok fűszoknyájukban pörögnek. A magasba szökő hegyek lassan játék-dombokká zsugorodtak. Szíve összeszorult, amint az emlékhullámok nekicsapódtak érzelmei partjainak. Elhagyni a szigetet, ahol gyermekei és Csipesz születtek, fájdalmas volt…

Döntésében egyedül az ösztönözte, hogy jobb iskolát találjon fiainak. Szerette volna, ha világot látott, nyitott felnőttekké válnak. Az élet egy eldugott paradicsomi szigeten, még a más kontinensekre tett kirándulások ellenére is, hátráltatta volna őket a fejlődésben. Úgy döntött, hogy családi fészküket a connecticatbeli Wiltonba helyezi át, közelebb Európához. Apa tisztában volt vele, hogy a költözés nagy áldozat karrierje szempontjából, ugyanakkor Sándor és Dominik javára válik.

Csipesz a kalitkában üldögélt és boldog volt, hogy külföldre mehetett és nem hagyták a könyvesboltban. Teljesen felvillanyozta az utasok rászegeződött figyelme. Számtalanszor megfogta a kalitka rúdját, megcsörgette a kalitka oldalát, hogy kiszabaduljon és felfedezőútra indulhasson a repülőgép belsejében. Miután sehogy sem sikerült kiszabadítania magát, szokásához híven igyekezett felemelni a reteszt. Legnagyobb döbbenetére - és persze biztonsága érdekében, - az jól be volt zárva. Sándor és Dominik próbálták megnyugtatni, de ismerve természetét tudták, hogy a kismadár előbb-utóbb lázadozni fog. Még kirobbanó hisztije előtt jobbnak látták letakarni kalitkáját. A repülőút hosszú volt Honolulutól Chicagóig, majd onnan tovább New York-ba. Csipesz hozzá volt szokva, a napjában többszöri fürdőzéshez és a szabadsághoz. Nagyon nem tetszett neki a fogság. Felváltva vették kézbe, hogy megvigasztalják, de hiába való volt minden nyugtató simogatás, kedves szó. Csipesz arra gondolt, hogy mégiscsak jobb lett volna a könyvesboltban maradni. Aztán feladta az elszánt szabadságharcot és kimerültségében elaludt.

MÁSODIK FEJEZET

A hosszú utazás után mindenki elcsigázott, ugyanakkor izgatott volt a gondolattól, hogy új házba költöznek. A ház - nagy alapterülete ellenére is -, Hawaii után csalódást okozott. Megérkezésükkor szép, napsütéses őszi délután fogadta őket. Miután lepakolták csomagjaikat, elindultak felfedezni az épületet és környékét. Csipeszt a hátsó verandára tették, kalitkáját az udvar felé fordítva. Mindaddig nem akarták kiengedni, amíg meg nem ismerkedett alaposabban a környezetével.

Lerohantak a meredek udvaron, hogy megnézzék a nagy medencét, amit most egy kék ponyva takart a közelgő téli hideg elől.

Csipesz meglehetősen bizonytalannak érezte magát a furcsa környezetben és nem bánta, hogy a kalitkában hagyták. Tekintetével hiába pásztázta környezetét, a buja trópusi növényzet szaftos leveleiből egyet sem látott. Sehol egy plumeria vagy gyömbér, de még a gyümölcsök illata sem volt érezhető. A levegő tiszta volt, de hiányzott belőle az óceán sós párája. A szomszédok falevelet égettek, ami igazán kellemes, de még ismeretlen illat volt számára. A fák levelei változatos színekben pompáztak és érdekes módon mind aprók voltak. Furcsa volt látni, ahogy a szél megborzolja őket és sorra lehullanak. "A mindenit! Ha ez így megy tovább, akkor a fák ágai teljesen csupaszok lesznek, és biztosan végük!" – suhant át a gondolat Csipesz fejében.

CSIPESZ ELŐSZÖR LÁTJA A CONNECTICUTI KERTET A MEDENCÉVEL

Fogalma sem volt arról, hogy errefelé a fák ilyenkor már alszanak és csak tavasszal kelnek újra életre. A négy évszak mind más és más és gyönyörű itt, nem úgy, mint Hawaiion, ahol a két évszak szinte alig volt megkülönböztethető egymástól. A kismadár hirtelen erős szárnycsapkodásba kezdett és arra gondolt, mi lenne, ha felderítő repülésre indulna. Szerencsére a fiúk hamar visszatértek és bevitték magukkal a házba. Csipesz örömmel hagyta maga mögött a kalitkát odabenn.

Szárnyacskáit kinyújtóztatva ünnepelte visszanyert szabadságát. A fiúk az ablaknál találtak helyet a kalitkának, hogy Csipesz reggelente láthassa a felkelő nap fényét.

Dominik gyorsan elszaladt vízért és feltöltötte tálkáját. Csipesz szokása szerint kőrözött néhányat mielőtt megmerítette volna magát a vízben és végül fejest ugrott volna a tálba. Pajkosan fröcskölni kezdett és addig pörgött-forgott, mint egy körhinta, míg az összes víz ki nem ömlött. Ázott ábrázata mulatságos volt. Végül felfrissülten és boldogan tért vissza ülőrúdjára, hogy vidám csipogások közepette elrendezze tollait.

Mire az első nap megpróbáltatásai után mindenki ágyba zuhant, Csipesz tollai már csont szárazak voltak. A kismadár még körberepült egyet a ház körül, hogy megtalálja azt a helyet, ahol a fiúk hangját utoljára hallotta. Akár egy vitorlázórepülő, ferdeszögben szelte a levegőt, majd tökéletes landolással megérkezett a takaróból készült kifutópályára és befészkelte magát a fiúk közé. Két perc sem telt el és mély álomba merült.

CSIPESZ ELSŐ CONNECTICUTI PANORÁMÁJA

HARMADIK FEJEZET

Az őszi időjárás semmi esetre sem tesz jót egy hawaii Mynah madárnak, ezért Csipeszt csak a késő délutáni órákban vitték a szabadba, amikor a levegő már kissé felmelegedett. Amikor először engedték ki a fiúk a házból, addigra a fák már csupaszok voltak. Csipesz izgatott volt és elsőre nagyon óvatos, csak lassanként indult el a kalitka oldala mentén. Egy percre megállt, szusszant egyet és aztán készen állt az ismeretlen terep légi felderítésére. Remekül álcázta magát, hiszen barna, sárga és fekete színei jól elvegyültek a környezetben. A családból mindenki lélegzetét visszafojtva figyelte, hogyan emelkedik a magasba és teszi meg első felfedező útját a hűvös, őszi délután.

Miután megtette az első kört a ház és a fák felett, egyszer csak eltűnt, ahogy ezt régen is tette Maunawiliben. A család egymásra nézett, és pontosan tudta mindenki, mi jár a másik fejében. Borzongás futott át rajtuk. Mi lesz, ha Csipesz elkezdi keresni imádott trópusi otthonát?

Jó pár gyötrelmes perc telt el, mire észrevették az ismerős, verdeső sötét pontot az égen, amint feléjük tart. Csipesz újra megjelent, méltóságteljesen leszállt Dominik szőke fejére és megnyugtatásul szeretettel csipegetni kezdte kezét.

CSIPESZ DOMINIK FEJÉRE SZÁLLT

Néhány nappal később sétálni vitték Csipeszt a környéken. Dominik azokban a napokban határozta el, hogy befogad egy macskát a menhelyről, mivel nemrégiben eljött az a nap is, amikor Cica nagyon megöregedett és végül örökre elment tőlük... Nehéz volt búcsút venni Cicától, hisz egy igaz baráttól mindig gyötrelmes az elválás. Vigasztalásként azokban a napokban vettek egy magyar pulit, az egyik legfurcsább kinézetű kutyát, akin annyi rojt van, hogy nem tudni, hol kezdődik az eleje és hol a vége. Apa egy nap, vezetés közben ölében tartotta a kutyát. Egy piros lámpánál aztán egyszer csak felemelte és megpuszilgatta a szőrmókot. A fiúk szakadtak a nevetéstől, és amikor apa odafordult hozzájuk, azonnal rájött, hogy mi a fergeteges jókedv oka: a kutyus rossz felére adta a puszikat.

Dominik pedig megtalálta a legelhanyagoltabb és legrondább cicát a menhelyen, amit örökbe lehet fogadni. Úgy érezte, hogy rajta kívül senki sem vinné el.

"Dominik, - kérdezte apa - nézd azt a bolyhos, vörös macskát? Nem szeretnéd inkább azt megkapni?" De Dominik eltökélt volt, és a fekete-fehér foltos cica ment haza velük.

Az alapos fürdő után rájöttek, hogy a legtöbb fekete folt a cicán piszok volt. Az állán viszont akadt egy valódi fekete folt, mely olyan volt akár egy kecskeszakáll. Dominik és Sándor Toulouse-nak nevezte el, a híres francia festőművész után, akit élete során mindenki elutasított, mert annyira más volt. Apát mélyen megérintette fia bölcsessége és együttérzése. A kutyának a Kapii nevet adták, ami hawaii nyelven "hosszú, fekete, göndör haj"-at jelent.

KAPII, A MAGYAR PULI

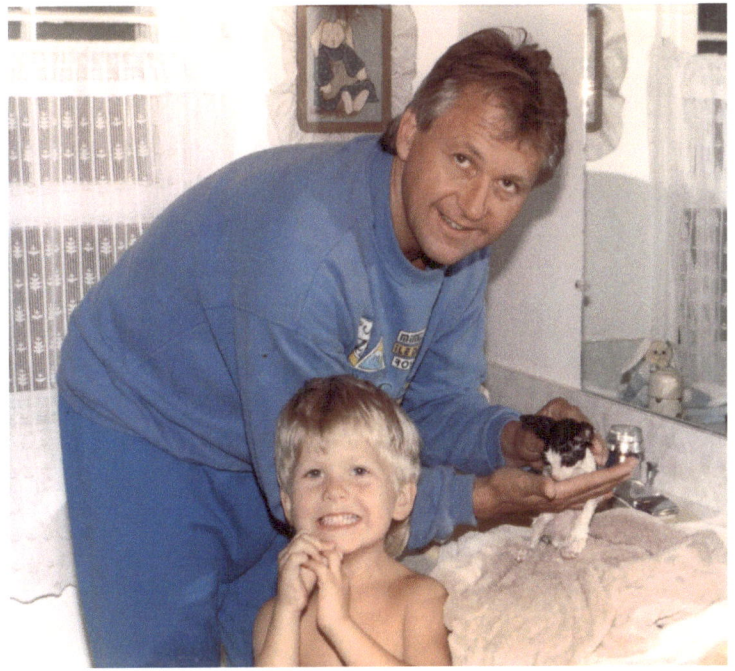

TOULOUSE, A CSAPZOTT CICUS

Toulouse remek fiú cica és vadász volt. Utóbbit szerencsére csak házon kívül gyakorolta. Ahogy korábban említettem, a háziállatok nem esznek meg más háziállatokat és így Csipesz ezúttal is biztonságban volt. Toulouse mellett aludt és gyakran fordult elő, hogy egymást tisztogatták. Csipesz puszit nyomott Toulouse bundájára, cserébe a cicus papírszerű kis nyelvével Csipesz tollazatát nyalogatta.

Toulouse elég gyakran hagyott egy-egy elejtett madarat, mókust, kis nyuszit az ajtajuk előtt. Ezeket macskaszokás szerint ajándéknak szánta. Ha nem tartották volna vissza őt, előbb-utóbb minden élőlény eltűnt volna a ház körül. Hosszas mérlegelés után úgy döntöttek, hogy keresnek egy helyet számára, ahol vadászszenvedélye kibontakozhat és boldog lehet. A szomszéd kisvárosban volt egy nagy farm lovakkal, tehenekkel és más állatokkal. Ezek a helyek odavonzzák a rágcsálókat a könnyen megszerezhető takarmány miatt. Toulouse-t a farmon hagyták, s hogy a fiúknak ne fájjon a szívük utána, apa hamarosan pótolta hiányát egy másik kiscicával.

A jövevény egy gyönyörű himalájai perzsa macska volt, vastag bundával és kiváló tulajdonságokkal. A leglátványosabb produkciója a mély és hangos dorombolás volt. Apa szerint úgy hangzott, mint a dízelmotor, és mert ő egy lány dízel volt, nem is lehetett volna neki jobb nevet adni, mint a Diesellét. A név aztán rajta ragadt és Dieselle bekerült a csapatba. A fiúk hamar elfelejtették Toulouse-t. És akárcsak korábban, Csipesz és Diselle is barátok lettek és jól elszórakoztatták egymást a hideg téli hónapokban.

KAPII ÉS TOULOUSE
KÖZÖS FÜRDŐZÉS UTÁN

CSIPESZ HARMADIK
CICUSA, DIESELLE

CSIPESZ A FIÚKKAL ÉS DIESELLÉVEL
LEFEKÜDNI KÉSZÜL

NEGYEDIK FEJEZET

Eljött a tavasz és úgy tűnt, Csipesz számára Hawaii már a múlté. Az ajtók, ablakok mindenütt nyitva voltak a házban, hogy a kismadár arra repülhessen, amerre csak kedve telik. Ahogy az idő melegebbre fordult, a virágok is előbújtak és Csipesz előtt feltárult a színpompás növényvilág, a tulipán, nárcisz, aranyeső és nefelejcs tarkaságával. A természet kivirult. A fákon, bokrokon duzzadó rügyek könnyen elérhető és ízletes csemegét kínáltak Csipesz számára. Röptében vagy a fűbe repülve számtalan lédús, repülő vagy csúszó-mászó élőlény akadt a kismadár útjába. Az udvar és a környező erdő élővilága kiváló menüsort kínált. Egyedül csak a "büdös bogár" bosszantotta. Kiábrándítónak és visszataszítónak találta, de ha a sors mégis összehozta vele, azonnal undorral rázta ki csőréből, hogy lehetőleg soha többé hozzá se kelljen érnie.

Reggelente, amikor a gyerekek iskolába indultak, mindig meg kellett győződni arról, hogy Csipesz a házban maradt. Máskülönben a kismadár biztosan a kocsi után repült volna. A Hawaii-on született és nevelkedett fiúk számára minden nap újabb és újabb felfedezéseket tartogatott. Az itteni, kontinentális tavasz teljesen új volt Csipesz számára is, akárcsak a nyár, amikor a fiúk vakációztak.

Végre elérkezett a várva várt pillanat is, amikor lekerült a medencét borító takaró. A víz kellemesen felmelegedett a fólia alatt, de tele volt mindenféle ragadós, nyúlós algával. Békák százai fulladtak bele, hasukkal felfelé úszva a víz színén. A régi típusú medence közel négy méter mély volt és vize a takarítás után a brazil fűzöldre hasonlított. A fiúk hat hónapos koruk óta tudtak úszni. Magabiztosan ugrottak a vízbe és villámgyorsan elérték a medence alját. Fülükben furcsa, eddig nem tapasztalt feszítést éreztek. Csipeszt teljesen lenyűgözte a fiúk és Kapii búvárkodása, és persze ő sem akart kimaradni a jóból! Otthagyta ócska kis fürdőtálkáját, rásiklott a vízre és valahol a medence közepén cuppanós lepényhalként érkezett meg.

CSIPESZ A MEDENCE SEKÉLY FELÉN

Alámerült, majd pillanatok alatt rakétaként tört a felszín felé. Hatalmas meglepetésként érte, hogy lemerüléskor nem érezte a medence alját, ahogyan azt a tálkájánál megszokta. Csapkodni kezdte víz áztatta szárnyait és reménytelenül igyekezett felemelkedni. Szerencsére, még mielőtt kitört volna a pánik, Dominik és Sándor ott termettek, hogy kiemelve és fejükre téve a kismadarat, kimentsék a vízből. Csipesz megrázta magát és a mozdulattal együtt elhessegette még a gondolatát is annak, hogy valamit esetleg nem tud megtenni, ami a fiúk számára pofon egyszerű. Feladni? Na, azt már nem! Miután megszáradt, a medence szélére repült és árgus szemekkel figyelte a fiúkat. Elszánt és intelligens kis elméje megsúgta neki, hogy a medence nem mindenhol ugyanolyan mély. A következő pillanatban már ott is termett, ahol sekély volt a víz. Pontosan úgy kezdett el kőrözni, ahogy a fürdőtálkája körül szokott és végül magabiztosan leszállt. Hamarosan megérezte a medence alját is és boldogan vette tudomásul, hogy lett egy saját bejáratú medencéje, ami jóval nagyobb, mint a csenevész fürdőtál. A nyár végül telis-tele lett jövés-menéssel és az egyik legcsodálatosabb nyárrá vált, amit valaha is megéltek. Csipesz ettől a naptól kezdve az összes születésnapot és ott alvós bulit feldobta fürdési trükkjeivel, a házból ki-berepülési mutatványaival, gazdag szókincsével, nevetésével és természetesen bújócskázásával.

****

Egy nap, késő délután a család úgy határozott, hogy moziba megy. A hosszúra nyúlt nappalok teljesen összezavartak mindenkit és először fordult elő, hogy indulás előtt senki sem ellenőrizte Csipeszt. A közös mozizás gondolatán felbuzdulva, a család elhajtott otthonról. Csipesz is nagyon elfoglalt volt. A magas fákon ücsörögve igazgatta tollait egy kiadós pancsolás után, aminek egyre gyakrabban hódolt. Visszarepült a kalitkája tetejére, hogy sütkérezzen kicsit, majd elbóbiskolt. Egy idő után szokatlan csendre ébredt. Egy árva hang sem hallatszott sehonnét. De hova tűntek a többiek? Egyre csak hívta és hívta őket, de hiába… semmi válasz. Minden ablakhoz, ajtóhoz odarepült, de azok zárva voltak. Nyugtalankodni kezdett. Ilyesmi sosem történt korábban! Az alkonyat pedig sötét fellegek érkezésével vette kezdetét. Rossz előérzete volt. Valami nincs rendben! Hol lehetnek a többiek?

A távolból mintha hallani vélte volna a fiúk hangját. Első látásra úgy tűnt, hogy a hangok messziről és az erdő sűrűjéből jönnek. Csipesz egy percig sem tétovázott, a levegőbe emelkedett, hogy nyomukba eredjen. Valójában a legközelebbi otthon is sokkal messzebb volt a fák között, mint ahogy a hangok sejtették. A sötétség és a szélben hajladozó fák zúgása félelmetes volt. A hangok minden egyes szívdobbanással egyre rémisztőbbé és hangosabbá váltak. Aztán az erdő egyszer csak egy tisztásba torkollott, ahol sok-sok idegen gyerek játszadozott. Csipesz igazi társas lény volt, így semmi sem feszélyezte, hogy leszálljon az idegenek közé. A gyerekeknek azonnal feltűnt a furcsa kismadár. Egy idősebb fiú kivételével még sosem láttak Csipeszhez hasonlót. A kismadár, miután sehol sem látta a gyerekseregben testvéreit, berepült egy tisztáson álló házba, abban a reményben, hogy ott majd megtalálja őket. Egy fiú felismerte és követte Csipeszt. Édesanyja, Virginia legnagyobb meglepetésére, a madár heverőjére repült. Nagyobbik fia megnyugtatta, hogy már látta ezt a madarat szomszédjaiknál, amikor az a fejére szállt. Egy kis kenyérrel megetették és közben rájöttek, hogy valószínűleg elveszhetett. Csipesz, miután lenyelte a falatot, hamar felmérte, hogy nincs ott a családja. Mielőtt még bezárhatták volna előtte az ajtót, már házon kívül is volt és hazafelé vette útját. Ismét mélyen az erdőbe hatolt, majd elveszett a sűrűben. Akármerre repkedett, nem talált vissza a tisztáshoz. Közben besötétedett.

Nézte, amint a fák ágai nyikorogva, vadul hajladozva egymásnak dörzsölődnek a szélben. Borzongás futotta át. Életében először nagyon félt és elhagyatottnak érezte magát. Későre járt és fekete lepelbe burkolódzott az erdő. Csipesz amilyen kicsire csak tudott, összekuporodott, és szárnya alá dugva piciny fejét, igyekezett elbújni az ijesztő és sötét világ elől. Beletörődött abba, hogy most először kint, a fák között tölti az éjszakát. Egyedül abban bízott, hogy a reggel majd meghozza szerencséjét.

A mozi remek volt. A család hazaérkezve még mindig teljesen a film hatása alatt volt és újraélt egy-egy jelenetet. Kapii fel-le ugrálva köszöntötte őket. Aztán a hosszú nap és a remek film után, hozzákezdtek a lefekvés előtti szeánszhoz. Sándor miközben elindult fogat mosni, elsétált Csipesz üres kalitkája előtt.

Elkezdte szólongatni a kismadarat: "Csipesz?"

De nem jött válasz.

Dominik apát kérdezte: "Láttad valahol Csipeszt?"

Senki sem látta. Arra gondoltak, hogy biztosan elaludt valahol, ezért gyorsan keresni kezdték. De hiába! A kismadárnak nyoma veszett. Egyébként is furcsa volt, hogy ilyenkor általában nem szokott elbújni, hanem inkább odarobog az üdvözlők táborához.

"Oh, Istenem!" - kiáltott fel apa - " Azt hiszem, indulás előtt kint felejtettük!" Mindannyian kirohantak, felkapcsolták az összes létező lámpát és pánikszerűen hívogatni kezdték a kismadarat. De semmi válasz! Csipesz eltűnt. Félóra múlva rájöttek, hogy valószínűleg Csipesz sem találja őket, és minden bizonnyal az erdőben maradt éjszakára. Valószínűleg félt a sötétben és nem találta a hazavezető utat.

Annyira aggódtak, hogy másnap hajnali 4-re állították be az ébresztőórát. Így már az első, hajnali fényben folytathatták a keresést. Senki sem aludt jól aznap éjszaka. A hajnal pedig sehogy sem akart eljönni! Az izgalom még azelőtt felébresztette őket, hogy az ébresztőóra megszólalhatott volna.

Induláskor még mindig vastag köd úszott körülöttük. Körbefutották az udvart, miközben a madarat szólongatták, de hiába. Aztán bepattantak az autóba és nekivágtak a kihalt útnak. Az ablakon kihajolva Csipeszt szólongatták. Apa lassan vezetett, hogy a kismadárnak esélye legyen meghallani és követni őket. Biztosak voltak benne, hogyha a kismadár meghallja a hangjukat, akkor a bújócskánál szokásos módon jelezni fog nekik és megtalálják egymást. Órákig kőröztek a szomszédságban, de rezzenést sem lehetett hallani. A fák olyan csöndesek voltak, akár a szunyókáló szomszédok. Bezzeg az elszánt csapat! Pillanatok alatt akkora felfordulást csaptak, hogy hamarosan mindenhonnan fények szűrődtek ki az út menti otthonokból. Persze törődtek is ők ezzel?! Minden idegszálukkal arra összepontosítottak, hogy megtalálják Csipeszt!

A végtelennek tűnő cirkálás és rekedtségig tartó eredménytelen kiabálás után, ismét hazafelé vették az utat abban bízva, hogy Csipesz időközben hazaérkezett. Ám csöndes és üres udvar fogadta őket. Csipeszt sehol sem találták. Csüggedten zuhantak bele a nagyszobai fotelekbe és összedugták fejüket, hogy új tervet dolgozzanak ki.

CSIPESZ EGYEDÜL A SÖTÉT ERDŐBEN

ÖTÖDIK FEJEZET

Kora reggel kopogtattak az ajtón. A szomszéd hölgy volt, akihez Csipesz betévedt. Azt hitte, hogy a kismadár megtalálta a hazafelé vezető utat. Szóba elegyedtek és kiderült, hogy akárcsak apa, ő is a Rhode Island-i Apátságnál diplomázott. Chris, a férje pedig, dédunokája volt Franklin Roosevelt elnöknek. Milyen kicsi a világ!

A helyi újság, a "Wilton Bulletin" egy madárrajongó tulajdona volt. Már másnap megjelent benne az asszony beszámolója arról, hogy egy furcsa madarat látott, akire tökéletesen illik Csipesz személyleírása. Elmesélése alapján a madár berepült házába, a méregdrága lámpaburájára siklott és még mielőtt kitessékelhette volna a házból, magától távozott.

A család nagyon izgatott lett a hír hallatán. Ezek szerint Csipesz azon igyekezett, hogy haza találjon! A következő három nap és három éjszaka egyfolytában a városban kőröztek, Csipesz nevét szólongatva. De hiába! Napok teltek el eredmény nélkül. Aztán újabb cikk jelent meg a madárról. E szerint egy férfi épp füvet nyírt, amikor egy barátságos madár szállt a vállára és Mynah madarakra jellemző hangokat hallatott. A férfi először megijedt, de aztán rájött, hogy ez egy polinéziai Mynah lehet, gyakori madár Hawaii-on, ahol fia katonai szolgálatát töltötte. A férfi remekül szórakozott a madár mókás külsején. Csipesz pedig addig ült a vállán, amíg az a házimunkát végezte, majd együtt beléptek a házba, ahol a férfi megetette őt egy kis kenyérrel.

Az ismeretlen arra gyanakodott, hogyha a madár ilyen messziről érkezett ide, akkor minden bizonnyal valakinek a házi kedvence lehet. Úgy döntött, hogy készít róla egy fotót, amit majd a nyomdába érve sokszorosít. De amikor kinyitotta a garázsajtót, elfelejtette bezárni maga mögött az ajtót.

Csipesz nem engedte, hogy a kedves férfi eltűnjön a szeme elől és autója után igyekezett. A nyomdából visszatérve a férfi azonnal rájött mekkora butaságot csinált. Ennek ellenére úgy döntött körbemegy a városban és a telefonfülkékre ragasztja a kinyomtatott plakátokat. Apa észre is vett egy ilyen hirdetést és nagy örömmel hívta fel a rajta szereplő telefonszámot, abban bízva, hogy végre megtalálják Csipeszt. De a férfinek rossz hírei voltak ....

Végül teljesen kihűltek a nyomok és Csipeszről semmilyen új hír nem érkezett. Még annak ellenére sem, hogy a laptulajdonos úgy döntött, tovább követi a történetet, arra az eshetőségre, ha esetleg valaki találkozna a madárral.

A család egyszer csak egyre közeledő mennydörgésekre lett figyelmes és cikázó villámokat látott, melyek Hawaii-on teljesen ismeretlenek voltak. A dörgések egyre gyakoribbak és hangosabbak lettek a nyári forróság okozta légnyomásváltozás miatt. Az ég elsötétült és a villámok úgy recsegtek-ropogtak, akár egy óriás cowboy ostor. A hurrikán erejű szél ritkaság számba ment itt északon. A tomboló vihar fákat csavart ki, ágakat kényszerített földre. Szegény Csipesz! Egyedül abban reménykedtek, hogy talán sikerült elbújnia valahol.

A vihar pedig nem lankadt. Egyre inkább ördögi arcot öltött az éjszaka során. Sándor és Dominik meg voltak győződve arról, hogy Csipesz nem fogja túlélni a szörnyű égi veszedelmet, mely egy pillanat alatt képes magával ragadni a törékeny kismadarat! De ha mégis épségben megússza, akkor csak abban reménykedhettek, hogy talán télig jó élete lesz. De aztán a dermesztő hideg nem kegyelmez, és Csipesz biztosan halálra fagy. A pusztítás, amit a vihar maga után hagyott, minden képzeletüket felülmúlta. Óhatatlanul felidéződött bennük a hajdani Hawaii-i éjszaka, amikor Csipesz a család részévé vált. A sors iróniája, hogy a mostani vihar visszahozhatná, de sokkal valószínűbb, hogy elszakítja őt a családtól. Csupán annyit tehettek, hogy körbetelefonálták a környék természetvédelmi területeit és megtudakolták tőlük, nem látott –e valaki egy furcsa madarat. Ezen kívül egy hirdetést is feladtak Csipesz fotójával az újságban.

De sajnos senki sem látta őt a városban. A kétségek valósággá váltak és egyre inkább tudatosult bennük, hogy nincs mit tenni: Csipesz örökre eltűnt, vagy meghalt. Mindezért pedig ők a felelősek. Gondolatban újra és újra végigélték azt az éjszakát, amikor moziba indultak és azon tépelődtek, hogy felejtkezhettek meg róla.

Több mint négy hét után a bánat és a bűntudat végképp szívükbe égett. Bármi, ami Csipeszről elhangzott, borzalmas fájdalmat okozott. A nyár megszokott zsongását nagy űr váltotta fel és már semmi sem volt ugyanaz Csipesz vidám, füttyös ébresztője nélkül. Igyekeztek mindenféle mással lekötni gondolataikat és megszínesíteni a napokat. Egy nap meglátogatták a 32 km-re fekvő, Connecticutbeli Standford Múzeumot. A hazafelé vezető úton a természetvédelmi központok jellegzetes kék jelzésére lettek figyelmesek.

Egy újabb csalódástól megkímélve a gyerekeket, apa úgy döntött, hogy először telefonon érdeklődik a Természetvédelmi Központnál.

"Nemrégiben elvesztettük házi kedvencünket és kétségbeesetten igyekszünk megtalálni. Esetleg valaki tett arról bejelentést, hogy egy szokatlan, ezen az éghajlaton nem ismert madarat látott?"

"Nos, uram, valaki néhány órával ezelőtt, 80 kilométernyire Milfordtól jelentkezett nálunk. Az illető teljesen össze volt zavarodva, hogy mit is kellene tennie a furcsa kis jószággal, aki meglehetősen alultápláltnak tűnt, a szárnyai véreztek és a vihar egészen megtépázta. A bejelentést tett személynek sikerült a madárkát megfognia, de az a csőrével elforgatta a kalitka zárját és megszökött. Teljesen összedúlta a papírokat és ceruzákat a férfi dolgozóasztalán, hatalmas rendetlenséget hagyva maga után!"

"Ó, Istenem!" – kiáltott fel apa nagy izgalmában, amire a fiúk is felkapták fejüket. "Ez Ő! Istenem, de hiszen ez Ő, a mi madarunk, Csipesz!!"

A férfi azt mondta, hogy hamarosan el kell mennie, de ha még esetleg öt óra előtt a helyszínre tudnának érni, akkor meg tudja várni őket. Egy szempillantás alatt kocsiba pattantak, összevissza száguldoztak a kanyargós utakon mire visszaértek az autópályára. Szívük hangosan kalapált. Végre odaértek az épülethez. Egy hosszú folyosó végén ráleltek az irodára, majd berontottak a rémült férfi szobájába, asztalán megpillantva Csipeszt! Valóban ott volt, és természetéből adódóan már megint galibát okozott. Az asztalon fel-alá futkosott ceruzával a csőrében. A madár csapzott volt, tollai a szélrózsa minden irányába meredtek, csontjai kilátszottak és véresek voltak. Ijedten nézett az ajtón berobbanó csoportra, aztán egy pillanat alatt felismerte családját és kiabálni, sírni kezdett a boldogságtól.

Sándor jó ideje gyurmázta a nyers hamburger húst ujjai között. Csipesz észrevette és akár egy képzett keselyű, a fiú kezére szállt. Furcsa mód, ahelyett, hogy majszolni kezdte volna, viselkedése inkább egy madárfiókáéra emlékeztetett megint. Kétségbeesetten megrázta szárnyait, hosszúra nyújtotta nyakát, csőrét kitárta és kéregetni kezdett. Sándor kénytelen volt falatonként etetni, annyira mohón nyelt. Az utóbbi időben már szinte feladták a gondolatot, hogy valaha is viszont láthatják Csipeszt. A találkozás olyan boldogsággal töltötte el őket, hogy elfelejtették megkérdezni a férfi elérhetőségét, aki megtalálta házi kedvencüket.

A viszontlátás még inkább egybekovácsolt mindenkit, pontosan úgy, mint amikor Csipesz visszatért a Maunawili völgybe. A kismadár boldog volt, hogy családjával lehetett és újra ismerős talajon érezhette lábacskáit. Legutóbbi kalandja mindenesetre elbizonytalanította. Többé már nem kockáztatta meg, hogy távol kerüljön a háztól. Ezentúl mindenkit szemmel tartott, nehogy még egyszer elvesszen. Vacsoránál legszívesebben mindenkihez odafutott és élelemért koldult. A fiúk is észrevették, hogy Csipesz ismét fiókaként viselkedik. Ha evés közben valakinek véletlenül résnyire nyitva volt a szája, Csipesz legszívesebben beleásott és kiválogatta volna kedvenc csemegéit, pontosan úgy, mint amikor madár mama csőrből csőrbe táplálja fiókáit.

Hatalmas baráti összejövetelt rendeztek a család újraegyesülése alkalmából. Csipesz az érdeklődés középpontjában állva kötelezőnek érezte, hogy trükkjeivel és akrobatikus mozdulataival elkápráztasson mindenkit. Még a medencében is megfürdött. A meghívottak teljesen el voltak ragadtatva a madárka emberekre jellemző viselkedésén, különösen, amikor Csipesz belekóstolt mindenki uzsonnás csomagjába.

Az ismét teljessé vált család hamarosan az őszre és vele együtt az iskolakezdésre készült.

CSIPESZ VOLT A SZTÁR DOMINIK SZÜLINAPI BULIJÁN

HATODIK FEJEZET

Nagy nehezen sikerült rálelni és venni egy városhoz közeli házat. Még mielőtt az első hó leesett volna, beköltöztek. Csipesz imádta az új helyet, mert a költözést követően azonnal kivették a bejárat feletti plafont és így - akárcsak Hawaii-on - kinyílt a tér a kismadár számára. Bárhova akadály nélkül elrepülhetett.

Az egymást követő három hideg évszak Csipeszt a házban tartotta. Gyakran ücsörgött az ablak mellett és sóvárogva nézte, ahogyan a fiúk odakinn játszanak a hóban. Úgy tűnt, megértette a természet rendjét és megérezte, hogy egyszer a fák is virágba borulnak és levelet hoznak majd, amint az idő melegedni kezd. Ugyan még nem járt kinn az udvaron, de az ablakból kikukucskálva mindent memorizált (igyekezett emlékezetébe vésni).

Csipesz nem ismerte az unalmat, ha a fiúkról, Dieselle-ről és Kapii-ról, a puliról volt szó. A futkározások, vadászatok és bújócskák élettel töltötték meg a mindennapokat. Csipesz szokásos fürdőzései is mindenkit magával ragadtak és jól elszórakoztattak. A fűtött pincehelységben pedig, a fiúk új játszó dobozt építettek a kismadárnak. Művük megkoronázása volt, amikor Csipesz hangos sikongatások közepette felfedezte azt.

DOMINIK, KAPII ÉS SÁNDOR

HURRÁ, HÓ!

VERŐFÉNYES VASÁRNAP HÓESÉSSEL – RITKA ÉS CSODÁS ÉLMÉNY!

CSIPESZ A FIÚK UTÁN KUTAT A DOBOZBAN

CSIPESZT NYAKON CSÍPI EGY REJTÉLYES KÉZ

SÁNDOR FELSIKOLT, AMIKOR CSIPESZ FELFEDEZI

DOMINIK ELBÚJIK CSIPESZ ELŐL

HETEDIK FEJEZET

Az első három év egy szempillantás alatt elrepült az új házban. A szomszédok imádták a kismadarat, aki rendszeresen elkísérte a családot sétáik során, a pulival és a mögöttük kullogó cicussal együtt. Csipesz nagy örömmel szállt rá hol egyikük, hol másikuk fejére, aztán ismét a magasban kőrözött. A zsákutca közepén egy gyomokkal tűzdelt terület éktelenkedett, elhanyagoltság látszatát keltve ezzel az egyébként szépen ápolt környéken. Apát, művész lévén, bántotta a látvány és ezért agyagból megformálta a helyszínt. Egy Yin-Yang szerű kis parkot formált meg, melyet kavicsos út osztott ketté. Központjában volt egy nagy kerek nyílás, benne egy lapos kővel, amit "Koktél sziklának" nevezett el, ahol az emberek megpihenhettek egy ital mellett. Mindkét oldalra nagy padokat helyezett, melyek vasúti talpfákból készültek. A modellt megmutatta a szomszédoknak is, akik anyagilag támogatták a tervet, és egészen addig pozitívan álltak hozzá, míg nem kellett segíteniük.

Az óriás teherautók rengeteg hulladék anyagot hoztak magukkal a kivitelezés során. A szomszédok pánikba estek a nagy halom láttán. Apa megnyugtatta őket, hogy mindez el fog tűnni és a felszín majd szépen elsimul. Így is lett. Apa kiválogatott néhány szikladarabot egy közeli kőfejtőből és terveinek megfelelően elhelyezte őket. Néhány közülük sebzett bálnára hasonlított, az egyiken pedig egy lyuk tátongott tökéletes kémlelőhelyként szolgálva a gyerekek számára. Minden darab az évszaknak megfelelően lett elhelyezve, így az emberek nyáron az árnyékukban hűsölhettek, a hideg hónapokban pedig rájuk tűzött a nap.

ÓRIÁS SZIKLÁKAT KERESTEK ÉS HELYEZTEK EL

KORA TAVASZI VIRÁGOK AZ ELKÉSZÜLT PARKBAN

Miután a park elkészült, ünnepséget rendeztek. A szomszédok először találkoztak egymással, jóllehet már évtizedek óta egy környéken éltek. Néhány év alatt a park belombosodott, virágokkal lett tele és egyre népszerűbb találkahellyé vált.

APA ISKOLAIGAZGATÓJA A STORM KING SCHOOLBÓL,
WARREN LEONARD A PARKBAN PIHEN

ÉVEKKEL KÉSŐBB A MARVIN PARK TELJES POMPÁJÁBAN

NYOLCADIK FEJEZET

A park elkészült. Egy újabb csodás nyár várt a srácokra. Wilton Connecticutban volt egy kis tó, ahova naponta lejártak mártózni. Barátaik gyakran meglátogatták őket, és mint kiéhezett sáskák, nekiestek a hűtőszekrénynek, hogy pillanatok alatt mindent elpusztítsanak élelmiszerkészleteikből.

Amikor a srácok megunták a játékot, Csipesszel kezdtek bújócskázni. A kismadár idővel tökélyre fejlesztette bújócskázási képességeit, és a kinti helyszín sok izgalmas lehetőséget kínált. Amíg a gyerekek sokszor hiába keresték, Csipesz remekül mulatott rajtuk egy fa tetejéről, vagy a tetőn lévő csatornából kikukucskálva. Egy nap a játék javában folyt. A gyerekek végigrázták az összes bokrot az udvaron, hogy előcsalják Csipeszt. Az egyik fiú úgy döntött, hogy ráugrik a piknik asztalra, aztán átszalad rajta és a végén leugrik. Csipesz lélegzetét visszafojtva lapult az asztal alatt. Amikor a trappoló lépéseket meghallotta feje felett, ijedten rohant ki az asztal túlsó végén, ahol a fiúk épp leugrani készültek. És akkor az egyik láb, ahogy a föld felé zuhant, elérte a kismadár törékeny testét és nekinyomta a deszkának. A fiúnak egy pillanatig olyan érzése volt, mintha valami csúszós került volna a cipője alá. Amikor lábát felemelte, Csipesz kilapítva feküdt alatta, arccal a földnek. Szárnyai, lábai és tollai szanaszét terültek. A kismadár tátongó csőre és arccal lefelé néző teste úgy nézett ki, mint egy szörnyű közúti baleset áldozatáé. Az egyik lába eltört és furcsán elcsavarodott. A fiú biztosra vette, hogy megölte Csipeszt.

A gyerekek a baleset színhelyére gyűltek és dermedten meredtek a szerencsétlenül járt kismadárra. Csipesz mozdulatlanul feküdt és csak épp annyi ereje maradt, hogy pislogjon egyet-egyet. Fogalma sem volt mi történt vele és a testében elviselhetetlen fájdalom áradt szét. Aztán hirtelen elveszítette eszméletét és egyszerre minden eltűnt. Becsukta szemét. Nem is tudta mi fáj jobban, a lába vagy a mellkasa. Aztán észrevette, amint apa alakja megjelenik a gyerekek gyűrűjében. Egy lapos kartonra fektették és óvatosan felemelték. Még most sem tudott mozogni.

DOMINIK VÍGASZTALÓDIK

SÁNDOR VÍGASZTALÓDIK

A kismadarat leheletfinom mozdulatokkal behelyezték egy tiszta, rongyokkal bélelt dobozba. Akkor Csipesz már semmit sem hallott. Látta a jelenetet a feje fölött, mint változik a helyszín az udvar, az ég majd az autó ablakán át.

Egyszer-egyszer látta Sándor és Dominik aggódó arcát is miközben fák suhantak el a kocsiablak mellett. Apa állatorvost keresett, de mivel épp anyák napja volt, szinte mindegyik zárva tartott. Az egyetlen, amelyik épp nyitva volt, közölte velük, hogy a kismadáron csak specialista segíthet. Csipesz haldoklik, percei meg vannak számlálva. Apa pánikba esett és óriási teherként élte meg a helyzetet. Micsoda szörnyű és fájdalmas módja ez a halálnak – itt feküdni összezúzottan! Végül, hosszas kétségbeesett keresést követően, találtak egy állatorvost körülbelül kétórányi autóútra Wiltontól. Telefonon azt az utasítást kapták, hogy azonnal menjenek oda.

A hosszú út alatt a kismadár többször is magához tért. Fájdalmai elviselhetetlenek voltak, mégis azzal a kis energiával, ami még belé szorult "beszélgetni" próbált. Kiszólt a dobozból: "Apa, au!" Aztán újra, még hangosabban: "Apa, au, au, au!"

Tisztán hallották a hangját, miközben könnyeikkel és a reménytelenség érzésével küzdöttek. Csipesz jól ismerte a "félelem" szót, a fiúktól tanulta. De senki sem gondolta volna, hogy képes lesz a fájdalmat összekapcsolni a szóval. Maga volt a csoda, ahogyan hozzájuk beszélt és ki tudta fejezni érzéseit! Milyen hihetetlen intelligenciával képes tudtukra adni szenvedését ez a kis lény élete talán utolsó pillanataiban! Szinte biztosra vették, hogy végleg elveszítik. Dominik fogta a pipettát, megtöltötte vízzel és óvatosan néhány cseppet nyomott Csipesz törékeny csőrébe. A gyorsan felvillanó szemhéjakból látta, hogy a kismadár nagyon hálás volt érte. Csipesz - idegeiket nem kímélve – továbbra is nyöszörgött-könyörgött nekik. Vajon hányszor kell ezt még végigélniük, míg a klinikára érnek?

Amikor megérkeztek a nővérnek mindenekelőtt a családot kellett megnyugtatnia az átélt érzelmi trauma miatt, amit Csipesz folyamatos nyöszörgése okozott számunkra. A Kensington Madárkórház magas, szikár orvosa végigmérte a zaklatott csapatot, majd a kezükben lévő cipős dobozt, melyből egy emberi hang folyamatosan azt kiabálta: "Apa, au! Apa, au!"

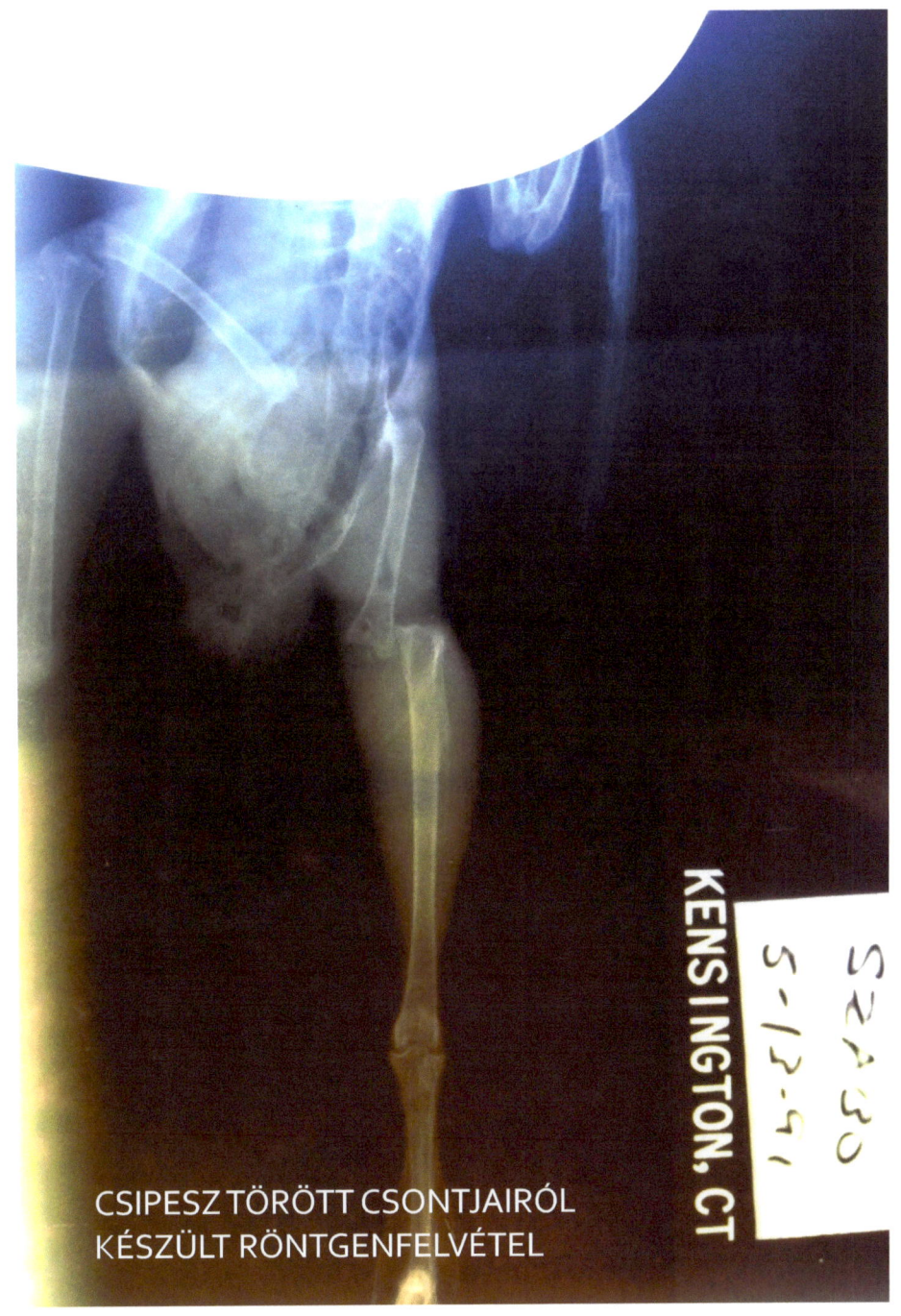

CSIPESZ TÖRÖTT CSONTJAIRÓL KÉSZÜLT RÖNTGENFELVÉTEL

"A madár mondta azt, hogy "Apa, au!", vagy ti voltatok azok, gyerekek? De látta, hogy a két fiú összeszorított szájjal áll, bármelyik percben üvöltésre készen. A tekintetét aztán a kis, összetört madárra emelte. A sárga tátongó csőr újra rázendített: " Apa, au! Apa, au!" A doktor csodálkozva mérte végig őket és alig akart hinni a fülének. Még sosem látott vagy hallott ehhez foghatót! Csipeszt azonnal a röntgenbe vitték, hogy kiderüljön szükséges –e elaltatni, elkerülvén további szenvedését. A várószoba olyannak tűnt, mint egy hullaház, ahol megállt az idő. Amikor a röntgengép ránehezedett a piciny, összetört testre, Csipesz úgy érezte, hogy megadják neki a kegyelemdöfést. A várószobára komor csend nehezedett és a gondolat, hogy Csipesz talán nem lesz többé, mindent beárnyékolt.

Aztán végre megpillantották a doktort, amint kilép a vizsgálóból: "Attól tartok, hogy Csipesz állapota súlyos." A szó hallatán mindenkiben megfagyott a vér és a legrosszabbra gondoltak. A doktor így folytatta: "De a kismadár életben marad! Több bordája is eltört, de szerencsére sem a tüdeje, sem egyéb létfontosságú szerve nem sérült meg. Belső vérzése sincs, de attól tartok, hogy az egyik lábát többé nem tudja majd használni, nyomorék lesz! A sérült lábán ugyanis több mozgásért felelős szalag is elszakadt."

Először nem is tudták, hogy ugráljanak örömükben, vagy inkább sírjanak a rossz hírek miatt. Végül úgy tűnt, a rossz hírek is elviselhetők. Végtére is Csipesz úgy tűnik, életben marad és haza lehet vinni! A kis Mynahot elaltatták, lábát ellátták és kapott egy térdig érő gipszet. Fájdalomcsillapítót is adtak neki.

Amikor kézbe vehették Csipeszt, kis szemei csukva pihentek sötét pillái mögött. Megkönnyebbülten látták, hogy nincsenek fájdalmai. Miután minden útmutatást megkaptak arról, hogyan gondozzák, nekiindultak a hazafelé vezető útnak. Az átélt megpróbáltatás olyan kimerítő volt, hogy a fiúk amint kézbe vették a dobozt és megérintették Csipesz kis testét, azonnal álomba szenderültek a kocsiban.

HARMADIK RÉSZ

ELSŐ FEJEZET

Hazaérkezésük napjától kezdve Csipesz és a család kapcsolata megváltozott. Mindannyian még odaadóbbak és törődőbbek lettek egymás iránt. A kismadár, amikor csak tehette, a kezükbe kéredzkedett és simogatásért hízelgett. Ez persze senkinek sem esett nehezére, mindig akadt valaki, aki örömmel dédelgette. Csipesz pedig szeretete jeleként rendszerint apró csipogásokkal válaszolt. Egyre többször fordult elő, hogy fióka éveit visszaidézve, kézből etették nyers hamburgerrel és más kedvencével. Az egyik ilyen meghitt pillanatban, apa, miközben a karosszékben ücsörgött és Csipesz hátát simogatta, arra gondolt, hogy a bolygón minden egyes élőlényt egyetlen egyetemes érzés köt össze: a szeretet. Még egy ilyen picinyke kis élet számára is, - mint amely ebben a madárkában lüktet – óriási boldogság szeretetet kapni és adni.

Csipesz, akárcsak bárki más ebben a családi közösségben, nem, vagy csak nagyon kevés korlátot ismert az életben. Miután kijátszotta és túlélte a halált, a kismadár területét nagy gonddal körbekerítették, amíg a kalitkája nyitva volt. Aztán óvatosan behelyezték piciny kis testét a kalitka aljára, és Csipesznek sikerült nagy fájdalmak közepette gipszével együtt oldalra feküdnie.

A következő reggelen mindenki nagy meglepetésére, Csipesz azon küszködött, hogy ülőrúdjához vonszolja magát. Ám számtalan kísérlet után, végül mindig vissza-visszazuhant. A rudat aztán lejjebb eresztették, hogy lábával elérhesse a talajt, könnyebben egyensúlyozhasson.

Úgy tűnt, hogy a terv működik. Csipesz igyekezett megkapaszkodni az ülőrúdba, miközben másik lábával ügyesen egyensúlyozott.

Egyszer-egyszer kíváncsiságból megütögette kongó gipszét, majd felhúzta zsibbadt lábujjait. Egyelőre ez volt minden, amire képes volt. Igazán szánalmas látvány volt egy valaha energikus kis lénytől!

Másnap Csipesz sokkal nyugtalanabb volt. Sokszor fel-felemelte kis lábát, hogy mozgatni próbálja és csodálkozva tapasztalta, hogy mutatványára senki sem figyel. Ez láthatóan nagyon dühítette. Kezdetben mindez még mókásnak is tűnt, de idővel elszomorító látványt nyújtott, amint a kis madár megbéklyózva semmire sem képes. Hosszú napok teltek el így. Amikor épp nem a tollait ápolgatta, akkor az ülőrúdját cibálta.

A fiúk első útja a suliból hazajövet Csipeszhez vezetett. Egy nap, legnagyobb rémületükre Csipeszt az ülőrúdján találták lelógó, sérült szárnnyal. A törött lábnak pedig nyoma sem volt. A kalitka alján ugyanakkor mindenfelé a darabokra tört gipsz maradványai hevertek. Csipesz egyszer csak diadalmasan felkiáltott, leszállt a rúdról, és hasznavehetetlen, törött lábát maga mögött lógatva a kalitka aljára érkezett. Kissé sántikált, mellyel azt próbálta értésükre adni, hogy mindezt saját maga követte el.

Apa attól tartott, hogy Csipesz lába így nem fog megfelelően gyógyulni és egyéb szövődmények is felmerülhetnek a laza, minden tortúrának kitett csont miatt. Egy szempillantás alatt kocsiba penderültek és elhajtottak az orvoshoz. A kismadár egész úton úgy tiltakozott, mint egy neveletlen gyerek. A doktor azonban rögvest elkábította, visszaállította a sérült csontot és megtámasztotta egy vízálló, elnyűhetetlen műanyag lappal. Csipesz hiába is próbálkozott eltávolítani az új szerkezetet. Meglehetősen sokáig kellett hordania. Borzasztóan zavarta, hogy nem tud fürdeni, ezért állandóan a tollaival volt elfoglalva. Végtelenül nyomorultul érezte magát, akárcsak egy állatkertben fogvatartott tigris. De végre eljött a pillanat, amikor a doktor telefonon közölte a jó hírt: a támaszték eltávolítható. Csipesz lába, első ránézésre úgy tűnt, meggyógyult és helyére került. Az alapos vizsgálatot követően, a doktor azonban megállapította, hogy sosem fog már rendesen működni, mivel a mozgáshoz szükséges szalagok és izmok tartósan megsérültek. Nehéz volt így elképzelni Csipesz hátralevő életét, tudván mennyire aktív volt a balesetet megelőzően. Hogy fog tudni repülni, úgy, hogy közben egyik lába lefelé lóg majd? De a doktor végső ítéletéről mit sem sejtve, a kis madárnak más tervei voltak. Amikor hazaért, első dolga volt, hogy fejest ugorjon fürdő táljába. Hiányzott a régi úszómedence, de tulajdonképpen egy nagyobb fürdőtál is megtette! Máris jobban érezte magát! Az eset tökéletes példa volt arra, hogy milyen apró dolgok képesek örömet okozni az életben! Csipesz egyértelműen élvezte az új otthont, mert sokkal tágasabb volt és könnyebb volt benne a tájékozódás.

CSIPESZ LÁBA CSODÁLATOS MÓDON ISMÉT MŰKÖDÖTT

Edzéstervének egyetlen célja, hogy lábai és lábujjai újra működő képesek legyenek. Napkeltétől napnyugtáig tornáztatta őket. Ez volt az úgynevezett "Csipesz terápia". A családnak összefacsarodott a szíve a látványtól. Aggasztó volt arra gondolni, hogy mi lesz az állandó kiképzésnek kitett lábaival. Mi van, ha a kismadár túlfeszíti őket, hiszen semmit sem érez bennük? Napok teltek el, mígnem egyszer csak történt valami. Csipesz felvisított az izgalomtól. Mindenki a kalitkához rohant egy amputált láb hátborzongató látványára számítva. A kérdések csakúgy cikáztak fejükben: Vajon sok vért veszített? És mit tehet ilyenkor a doktor? Majd le kell vágni a maradék lábát is?

Csipesz azonban két lábbal kapaszkodott ülőrúdján és csaknem akarta abbahagyni a rikácsolást. Alaposan megvizsgálta lábait, majd felnézett a többiekre. Aztán ismét lenézett és sárga csőrével megbökdöste egyik kis lábujját. A lábujj ekkor magától megmozdult! Csipesz felsikoltott, amit a gyerekek hangos éljenzése követett.

"Láttad ezt, apa? Újra mozognak a lábujjai!"- jegyezte meg Sándor.

"Istenem, ez hihetetlen! És nézd! Két lábbal tartja magát!" – mondta apa.

Valóban csoda történt. A lábujjak, bár mereven és ügyetlenül, de a rúdra kapaszkodtak. Csipesz kitartása meghozta gyümölcsét. Sérült lábacskája napról napra egyre több mindenre volt képes. Bár a kismadár csak sántikálva, féloldalasan tudott ugrándozni, de már ez is óriási eredmény volt! Annyira örült visszanyert egészségének, hogy ülőrúdjáról szüntelenül le-föl ugrált. Végre újra szabad volt!

Aztán eljött a nap, amikor már nyitva merték hagyni az ajtókat. Csipesz több hét után végre kirepülhetett a nyári rekkenőbe. A korábbi hetek megpróbáltatásai sokat kivettek erejéből, így hamarosan teljesen kifulladva, egy közeli sziklára szállt.. Csak állt ott, nyitott csőrrel pihegve, majd megengedte Dominiknak, hogy karjára tegye és megsimogassa csillogó kis fejét.

Amikor az állatorvos meghallotta a hírt, ragaszkodott ahhoz, hogy újra megvizsgálja Csipeszt. Ami a kismadárral történt túlmutatott minden várakozásán és lehetetlennek hitt, csodálatos gyógyulásnak tekinthető. Az alapos vizsgálat után nem talált szakmai magyarázatot az esetre. Egy biztos: Csipesz egészen különleges, eltökélt kis lény volt, aki meghazudtolt minden emberi tudást. A doktor fejét csóválta és csak mosolygott élete eddigi legegyedibb szakmai tapasztalatán.

CSIPESZ MEGYGYÓGYULT, HATÁR A CSILLAGOS ÉG!

MÁSODIK FEJEZET

A család sok időt töltött az apa által megálmodott parkban. Figyelték miként változik a természet, lombosodnak a fák, telik meg virágokkal és látogatókkal a hely. A szomszédok imádták a bolond családot állatostól, mindenestől együtt. Kapii, a puli összebarátkozott egy fajtársával és öt kis fürtös-bozontosnak adott életet, akik szakasztott másai voltak anyjuknak. Hosszas vívódás és a barátoktól vett szomorú búcsú után, a család végül úgy döntött, eladja a házat és a délebbre fekvő Új Karolinába, Raleigh városába költözik. Mielőtt a rogyásig megpakolt teherautóval elindultak volna, a megbeszéltek szerint Kapii kölykeit átadták a tenyésztőnek. Dieselle is kölyköket várt, miután bemutatták barátjuk óriásra nőtt, jóképű perzsa macskájának.

Amint megérkeztek az új városba, a család egy bérelt lakásba rendezkedett be, mielőtt kiválasztották volna végleges otthonukat. A fiúk rendszeresen iskolába jártak és minden nap izgatottan várták a kiscicák születését. Nem is kellett sokáig várniuk. Egy este, Dieselle az ágyra ugrott mit sem törődve kerekre duzzadt pocakjával, és úgy döntött, világra hozza kölykeit. Furcsa mód nem volt hajlandó tisztára nyalni az újszülötteket, ahogyan ez a természetben megszokott. Még csak rá sem nézett az egymás után érkező apróságokra! Kapii, akinek nemrég kellett megválnia öt kölykétől, nagyon izgatott lett Dieselle viselkedését látva. Hirtelen ösztöntől vezérelve felcsapott tiszteletbeli bábának. Mindenegyes kis cicust nagy gonddal végignyalt. Dieselle, aki egyébként a világ legragaszkodóbb macskája volt, most mindenkinek csalódást okozott.

KAPII ÖT KÖLYKE

SÁNDOR ÉS DOMINIK A KISCICÁKKAL

Az egyik lakó a szomszéd apartmanházból állandóan Dieselle-ben gyönyörködött, még azelőtt is, hogy a cicus megszülte volna kölykeit. A férfi kitartóan szemezett a cicával, annak ellenére is, hogy a család udvariasan kifejezte nemtetszését. Mindenkiben élénken élt még az emlék, amikor a könyvesbolt tulajdonosa minden áron meg akarta venni Csipeszt. Kényelmetlenül érezték magukat és próbálták elkerülni a férfivel való találkozást.

Dieselle napjában többször is kiment az apartmanház mögötti kis erdőbe, hogy kicsit felszabaduljon a kicsik terhe alól és pihenjen egyet. Már három napja táplálta és gondozta az apróságokat. A negyedik nap pedig, miután jóllaktak a picik, Dieselle ismét kikéredzkedett. Órák teltek el, de a cicus még mindig nem tért vissza. A kicsik hangos nyávogással jelezték éhségüket. Sándor és Dominik úgy határozott, hogy kimennek az erdőbe és megkeresik a macskát. De hiába! A picik felbolydulása egyre erőteljesebb és követelődzőbb lett a cicás dobozban. Kapiiban pedig megszólaltak az anyai ösztönök. Nem bírta tovább a nyüszítést és óvatosan beereszkedett a dobozba, hogy bundájának melegével megnyugtassa a kicsiket. A kiéhezett kiscicák azonnal az élelem forrását keresték. Kapii pedig a legodaadóbb anya szenvedélyével kínálta nekik puha emlőit, melyek tele voltak bennrekedt tejjel.

Napok teltek el és Dieselle még mindig nem tért vissza. Az édesapa fogta magát hát és meglátogatta a közeli lovardát, ahova a cica gyakran eljárt egerészni. Az ottani gazda azonban azóta nem látta őt, mióta eltűnt. Mielőtt kifüggesztették volna a hirdetést az elveszett cicusról, kopogtak az ajtón. Az idegesítő férfi állt az ajtóban, aki meg akarta venni Diesell-ét. Eleinte semmiségekről fecsegett, aztán mielőtt hazaindult volna a férfi megkérdezte: "Megtalálták a macskájukat?" De hisz a családon kívül senki sem tudhatott a cicus eltűnéséről, leszámítva a farmert, aki azonban nem ismerte ezt a férfit! Nem volt nehéz rájönni, hogy ő lopta el Dieselle-t, de tudták, hogy az azonnali szembesítés nem vezetne semmi jóra, így udvariasan kikísérték a férfit a lakásból.

A kétségbeesés és düh furcsa keveréke telepedett rájuk, mert tudták, hogy sosem látják viszont a cicust. Hálásak voltak ugyanakkor Kapii-nak amiért elvállalta az anyaszerepet. De még ezen a hálán is túlmutatott az az érzés, ami Kappit kerítette hatalmába. Valósággal újjászületett attól, hogy elveszett kölykeit pótolták.

9 nappal később a kiskölykök pontosan azt tették, amit Csipesz évekkel ezelőtt. Kinyitották szemecskéiket és örökre beléjük égett anyjuk látványa, aki nem volt más, mint Kapii, a puli. Mindenki megmosolyogta, amikor a kicsik Kapii-val játszottak és utánozták a kutyus minden mozdulatát. Egy szempillantás alatt levadászták a zoknikkal kitömött labdát és kutyaszokás szerint visszavitték a gazdinak.

A BAL SZÉLEN
TIGRIS ÉS PASHA

PASHA,
DOMINIK
KEDVENCE

HARMADIK FEJEZET

A család rátalált egy gyönyörű, téglából épített házra, melyet saját ízlése és kedve szerint rendezett be. A ház mellett patak csordogált, mely egész évben hűs vizet hozott magával. A környék tele volt árnyat adó fákkal, változatos élővilággal és sok-sok szarvassal. Úgy tűnt, hogy jó döntés volt Észak-Karolinába költözni. Csipesz örömmel fogadta, hogy Connecticut-hez képest lerövidültek a hideg évszakok és legfeljebb egy-két hónapig tartottak. A mirtusz még novemberben is virágzott és az aranyeső még február közepén is aranykoronát viselt. A júdásfa gyönyörű rózsaszín virágai kiviláglottak a szelíd barna erdőből. Csipesz borzasztóan élvezte függetlenségét és szabadságát az apartmanban eltöltött év után. Boldogan fedezte fel új otthonának minden szegletét. Reggelente gyakran meglátogatta a patakot egy jó merülésért, hogy megidézze a Connecticut-i medence emlékét. Mindenki azon aggódott, hogy egy nap a kismadár a patak mentén élő valamelyik mérges vagy épp ártalmatlan kígyó áldozatává válik. Számtalan, szebbnél szebb sólyom suhant át az erdőn mókusok és madarak után kutatva. Csipesz pedig hiányos étrendjét rengeteg finomsággal tudta kiegészíteni.

A SÖVÉNY GYORSAN MEGNŐTT

HÁROM, SŰRŰN ERDŐVEL BORÍTOTT HEKTÁR

A kismadár kifejlesztett egy különleges készséget is. Amikor Sándor vagy Dominik az elektromos fűnyírót vezette, ő bombaként csapódott be a szerkezet előtt. A kövér szöcskék megmenekültek a halálos pengéktől, de nem úgy Csipesz csőrétől! Nyoma sem volt már egykori sérülésének és annak, hogy a szél egykor 50 mérföldre fújta el a családi háztól. Csipesz igazi túlélő volt!

A család időközben az összes kiscicán túladott, Pasha és Tigris kivételével, akik imádták Csipeszt és örömmel osztották meg vele cicatápjukat. Mindenki jól tudta, hogy a kismadár csak azért ment bele ebbe, hogy úgy érezze, ő is a családi vacsora részese.

A környék tele volt gyerekekkel és szülőkkel, akik szép lassan megszokták a szokatlan madár látványát, amint Kapii és két cica társaságában hosszú sétákra indul.

A következő két év nem tartogatott különleges eseményt a család és Csipesz számára. Az élet nagyszerű volt a kellemes klímájú Észak-Raleigh-ben. Csipesz kellő figyelmet kapott Sándor és Dominik iskolai barátaitól is. Mindenki nagy meglepetésére a kismadár hagyta magát megsimogatni és puszilgatni, sőt mi több, kiváló partner volt a bújócskában. Megedződve a connecticut-i ijesztő nyári viharokban, Csipesz sosem kóborolt sokáig. És ha a család elfelejtkezett volna róla, akkor elbújt és az ajtófélfán várt egészen addig, amíg mindenki hazaért és valaki óvatosan leemelte onnan az álmos kis madarat, hogy ágyba bújjon vele.

SÁNDOR BAKANCSA A PATAK PARTJÁN MARADT

NEGYEDIK FEJEZET

Egy meleg őszi napon Sándor és Dominik befejezte a leckeírást. Csipesz szokásos köreit rótta, majd Kapii fekete rongyszőrére szált, hogy megtörölhesse benne sárga csőrét. Amint befejezte a műveletet, elégedetten terült el a puli puha, meleg hátán. Mindkettőjük szemében a TV villódzó fénye tükröződött, miközben meredten bámulták a családot. Alig bírtak parancsolni elnehezedő pilláiknak, így hamarosan mindenki az ágya felé vette az irányt. Csipesz befészkelte magát Kapii bundájába, becsukta szemeit és álomra hajtotta fejét.

A fények először Dominik, majd Sándor szobájában aludtak ki. Kis idő múlva apa is lekapcsolta a lámpát. Az édes álom pihe-puha takarója fedte be a házat és a környező erdőt. Ezalatt odakinn fekete felhők kúsztak az égre és vészjósló sötétségbe borították a környéket. Az alvó városban senki sem vette észre, amint egy láthatatlan kéz meghajlítja a fákat és a levelek susogni kezdenek.

Aztán egyszer csak megremegett a ház. Néhány másodperc múlva két nagy puffanás hallatszott, és a világ rázkódni kezdett a család körül. Erre már mindenki felkapta a fejét és riadtan pislogott a sötétben. Egymást érték a villámlások és rengések. Kapii ugatni kezdett és felszaladt az emeletre. Bundájába gabalyodva magával rángatta Csipeszt is. A kismadár amint kiszabadult a szőrgombolyagból, kétségbeesetten repült ide-oda a házban és az ismétlődő villámlásoktól elvakítva, állandóan az eléje kerülő tárgyakba ütközött. A család a sötétben botorkálva igyekezett lámpát kapcsolni, de hiába. Végül apának sikerült kitapogatnia a gyufát és gyertyákat.

A FRAN HURRIKÁN NAGY PUSZTÍTÁST VÉGZETT A VÁROSBAN ÉS A KÖRNYEZŐ ERDŐBEN IS

A tompa gyertyafénynél újra egymásra talált a rémült család. A vihar még tombolt odakinn, ütötte-verte a házat. A heves eső úgy hallatszott, mint golyózápor az üvegen. Az ajtók és zsaluk ki-be csapódtak, mintha egy óriás játszadozott volna velük. Csak a hangok sejtették mekkora pusztítás mehet végbe odakint. De egyelőre semmit sem tehettek, mert attól tartottak bármit tesznek is, az az életükbe kerülhet.

Ösztönösen a csapkodó ajtóktól, ablakoktól távolabb lévő kis szobába húzódtak és szorosan átölelték egymást. Csipesz, Kapii és a két cica is megérezték, hogy közel kell maradniuk egymáshoz a sötétben.

Hallották, amint a hatalmas tölgyfák meghasadnak és kidőlnek, miközben a süvöltő szél könyörtelenül rázta a házat körülöttük. Takarókkal és párnákkal torlaszolták el magukat arra az esetre, ha a vihar törmelékeket szórna a házba és egyenesen őket venné célba. Az ijedtség és sok viszontagság után végül egymás biztonságot jelentő ölelésében aludtak el.

Hajnalban síri csendre ébredtek, majd egyszer csak beindult a láncfűrészek kórusa. Sokkoló volt a kinti látvány! Felfoghatatlan pusztítás! Az épen maradt fák körül halomban hevertek az egykori égimeszelők ripityára tört maradványai. Pompás lombkoronájuk már a múlté, a csata elveszett.

A felhőkkel fedett, szürke ég lustán nyúlt el a megtépázott táj felett és végigkémlelt pusztításán. A faóriások házakat szeltek ketté, belsejüket a külvilág felé tárva. Olyanok voltak, akár a széttaposott babaházak. A valaha szép napokat megélt otthonok romjai nyílt sebként tátongtak az ég felé.

A túlélők hamarosan a sebesülteket és a csapdába esettek keresésére indultak. Láncfűrésszel és baltákkal felszerelt férfiak és nők igyekeztek felszabadítani az utakat és a házakat a rájuk dőlt fák terheitől. A nők megetették a rémült gyerekeket és vigasztalták mindazokat, akik elvesztették otthonaikat. A legtöbben szerencsésnek érezték magukat, amiért megmenekültek a halál torkából.

APA MÉG EGY ŐZSUTÁT IS MEGMENTETT TIGRIS SEGÍTSÉGÉVEL

ÖTÖDIK FEJEZET

Két évvel a Fran hurrikán pusztítása után, úgy tűnt a természet még mindig nem heverte ki sérüléseit és örökre bevéste az itt élők emlékezetébe hatalmas erejét. A kényelem és a biztonság iránti vágy szorosabbra fűzte ember és állat kapcsolatát.

Dominik és Sándor kiscicái, Pasha és Tigris hatalmas és imádnivaló macskákká nőttek. A család egyik barátja egy sárga nimfapapagájt ajándékozott a fiúknak. Apa nagy kalitkát épített neki. Attila - mert így nevezték el – Csipeszhez képest jelentéktelen madár volt. De mindez nem számított, mert Csipesz úgy határozott, hogy összeköltözik vele. Csipesz és Pasha nagyon közel álltak egymáshoz, mert a kis madarat a hawaii, fehér Cicára emlékeztette. Cica egyszer megmentette életét a mongúzoktól és Csipesz ezt sosem felejtette el.

Sándor macskája, Tigris szintén nagy egyéniség volt. Egy nap véletlenül ráült a TV távirányítójára és pillanatok alatt rájött, hogyan működik. Nyomogatni kezdte gombjait és felfedezte, hogy a remek játéknak hatása van a TV képernyőre. Váltogatni kezdte a csatornákat. Apa viccesen meg is jegyezte, hogy: "Tigris annyira emberi, hogy TV nézés közben talán még egy sört is örömmel meginna!?". Így aztán kinyitott egy sörös dobozt és a cica mellé rakta. Legnagyobb meglepetésére Tigris megszimatolta a sört és belekóstolt. Úgy tűnt, ízlik neki! Attól a naptól fogva apa gyakran megosztotta sörét Tigrissel, ha együtt ültek le TV-t nézni.

TIGRIS TÁVKAPCSOLÓVAL ÉS SÖRREL

Amint az iskolai hét véget ért, a család izgatottan várta a hétvégét és autóba pattant. Amikor kinyitották az autó ajtaját, rettenetes hang csapta meg a fülüket a kerti pavilon felől, egészen pontosan az azálea bokor alól. Sajnos Dominik futott oda és látta meg először Pasha elgyötört testét, amint kétségbeesetten vergődik, mint egy megkínzott gyermek. Sírt a fájdalomtól.

Finoman megsimogatták a cicust, hogy megnyugtassák és hogy lássák, mi történt vele. Nem volt semmilyen látható sérülés fehér bundáján, de teste teljesen ki volt tekeredve. Apa finoman karjába emelte Pashat és odaadta Domniknak. Mialatt a sürgősségi állatkórház felé robogtak, Dominik arcáról patakokban folyt a könny egyenesen Pasha bundájára. A fájdalomtól elgyötört cicus szemei csukva voltak és szüntelenül, panaszosan nyávogott.

Az orvosi vizsgálat egy örökkévalóságnak tűnt. Aztán végre megjelent a doktor és azt mondta, hogy Pashát valószínűleg elgázolta egy jármű és bordái minden létfontosságú szervét átfúrták. Semmi sem segíthet már rajta és el kellene altatni, hogy véget érjenek szenvedései. Apa alig bírt ránézni Dominik fájdalmasan remegő testére. A fiúk még eddig sosem találkoztak a halállal, és teljesen letaglózták őket az orvos véglegesnek tűnő szavai. A doktor azonban empatikus és kíméletes volt. Azt javasolta, hogy Pasha azonnal kapjon intravénásan egy italt, amitől majd végleg elalszik. Így Dominik egészen az utolsó percig karjában tarthatja a cicust. Dominik néma fejbólintással fejezte ki egyetértését és figyelte, amint Pasha szemhéja lassan rácsukódik kék szemére. A kisfiú szerető tekintete volt az utolsó, amit Pasha látott.

PASHA AZ AZALEA BOKOR ALATT REJTŐZIK

Hazaindultak és magukkal vitték Pasha elgyötört és lassan kihűlő kis testét. Elkészítették koporsóját, – egy takaróval bélelt műanyag dobozt – amit Tigris többször is fürkészőn oldalba bökött. Dorombolt, és megnyalta Pasha bundáját, de Pasha nem reagált. Tigris megérezhetett valamit, mert lassan hátrálni kezdett és otthagyta a kis sírt. A fájdalmas búcsú után a föld örökre betemette Pashát, és mindenki mély csendbe vonult.

Dominik két napig a csukott szobaajtó mögött maradt. Senki sem hallotta őt kijönni onnan, sem a konyhába, sem sehova. Aztán egyszer csak kisírt szemekkel megjelent és az erdő felé tartott. Folyóként zúdult ki belőle a fájdalom. Apa nagyon aggódott érte és felment a szobájába. Ott mindent rendben talált. Amint épp megfordult, hogy kimenjen a szobából, egy összegyűrt papírra lett figyelmes a szemetesben. Egy levél volt, rajta Dominik elgyötört, balkezes írása. A sorokat Pashának címezték.

Szia Pasha!

Itt Dominik. Tudod, annyira szeretlek, hogy alig várom, hogy láthassalak a mennyben! Régebben azt hittem, hogy mi mindig együtt leszünk, de azt hiszem ez nem így működik az életben. A koporsódba tettem virágokat. Pont olyan gyönyörűek, mint amilyen te vagy. Imádtam csodás kék szemeidet azzal a kis halvány szegéllyel a szélükön. És imádtam, hogy te mindenkihez kedves voltál még akkor is, amikor mások nem voltak kedvesek hozzád. Vigyáznom kellett volna rád azon az esős napon! Még mindig nem tudjuk, mi történt pontosan, hogyan halhattál meg, de olyan jó érzés tudni, hogy majd egyszer újra láthatlak! A legklasszabb cica voltál! Mindig felvidítottál, ha rossz kedvem volt. De most hirtelen minden megváltozott amiatt az egy esős nap miatt. Bárcsak újra láthatnálak! Tigris, a testvéred is csak most próbálja megérteni, mi történt. Az előbb megpróbált felébreszteni téged, mert azt hitte, alszol. Behoztuk hát inkább a házba. Házimacska lesz belőle, így majd nem történhet vele semmi baj. Bárcsak itt lennél és kifésülhetném a csomókat a bundádból! Még mindig nem tudom elhinni, hogy elmentél! Csupán egy esős nap és bumm...oda az életed... vajon hol lehetsz most, mert annyira jó lenne most veled lenni! De tudom, hogy a cicák Mennyországában vagy már és arra vársz, mikor jövünk mi is utánad. Már alig várom! Olyan békésnek tűntél a koporsóban fekve. Mintha csak aludtál volna. Annyira hiányzol, és alig várom, hogy együtt legyek veled a Mennyországban, ahol minden tökéletes! De addig is tudd, hogy nagyon szeretünk és hiányzol, és alig várjuk, hogy újra lássunk!

Szabó Dominik

Ui.: Ha egy kis darabkádat megtarthatnám és elültethetném, hogy aztán újraéledj, megtenném. Apa azt mondta, hogy a jövőben a tudósok állatokat fognak klónozni és visszahozzák őket az életbe. Bárcsak már most meg tudnák tenni! Annyira szeretnélek visszakapni!

HATODIK FEJEZET

1997 tavasza hatalmas zöld festőecsettel érkezett, hogy elfedje a Fran hurrikán után maradt romokat. A sok kidőlt tölgyóriást és más fajok maradványait is elvontatták az udvarról és a házak közül. Az egykor sűrű erdő felére apadt, utat engedve a napsugaraknak, melyek rivaldafényként hatoltak át rajta. Csipesz így könnyedén belátta a háztól a patakig vezető utat. A sok túlélő fácska között fehér és rózsaszín somfák meredeztek.

Virágaik, akár a pasztell pillangók. Dús fűtakaró fedte be az udvart és az egész erdőt is, mely most napfényben fürdött. Könnyen észre lehetett venni a bóklászó szarvasokat, fürge mókusokat és egyéb állatokat. Egy nap, a verőfényes reggel, valami megmagyarázhatatlan és idegen szagot hozott magával, mely egész nap belengte a környéket. A fiúk úgy döntöttek, hogy elhalasztják a fűnyírást. Csipesz, szokása szerint a szomszéd frissen kaszált fűvére repült és nekilátott kövér szöcskék után vadászni. Az egész napos napfürdőzés után, pocakjuk felmordult és jelzett, hogy ideje bekapni valamit. Mindannyian farkaséhesen estek be a konyhába, még Csipesz is, hogy le ne maradjon valamiről.

Sándor, miután rápillantott a kismadárra apához fordult: "Csipesz nem néz ki valami fényesen ma, nem gondolod, apa? Csipesz, mi a baj?" Mindannyian hátrafordultak és látták, amint a kis Mynah zilált tollakkal, esetlenül száll le. Egyfolytában rázta a fejét és végül elvesztette egyensúlyát. Majd kinyújtotta nyakát és többször is öklendezni kezdett. "Apa, azt hiszem már megint lenyelhetett egy gumiszalagot vagy valami hasonlót" – mondta Sándor.

A MEGRITKULT ERDŐ FELFEDTE TITKAIT

Óvatosan kinyitották Csipesz csőrét és ellenőrizték a torkát, ahonnan nem egyszer egy-egy gumiszalag lógott ki. Csipesz rajongása a gumiszalagok és cipőfűzők iránt gyakran veszélyeztette életét. Előfordult, hogy meg kellett ragadni a kismadarat és ki kellett emelni a hosszú tárgyakat a torkából. Ezúttal azonban semmit sem találtak benne. Vizet kínáltak neki, de elutasította. Aztán mindenki köré sereglett, mert a kismadár állapota szemlátomást percről-perce romlott.

Apa gyengéden kézbe vette Csipeszt és a heverőhöz ment vele. A fiúk mindenféle bajra gondoltak és számtalan diagnózist felállítottak. Először fordult elő, hogy mindenki kritikusnak ítélte meg a helyzetet. Olyan sok mindenen mentek már keresztül Csipesszel. Sokszor megesett, hogy elkóborolt, de végül megkerült, így fel sem merült, hogy a történet akár végzetes kimenetelű is lehet. Biztosan minden rendben lesz! Azonban a kismadár állapota rosszról, még rosszabbra fordult. Nyakát kinyújtva feléjük fordult és tekintetében kétségbeesés ült. Tüsszentett és köhögött, majd egész teste összerándult. A fájdalmas görcsök miatt időnként behunyta szemét. Szárnyait és lábait kinyújtotta, majd remegve, szorosan visszazárta őket. Végül tágra nyitotta szemét és mindenkin végigtekintett. Megrázta pici fejét és újra kinyitotta csőrét, mintha csak ásított volna egyet apa megnyugtató dédelgetése és simogatása után. Aztán elment... örökre...

Mindenki döbbenten és szótlanul bámult maga elé. Csend és bánat hasított a levegőbe. Sándor és Dominik a heverőre rogyott és szüntelenül legkedvesebb barátjuk élettelen kis testét simogatta. De Csipesz lelke már messze járt. Aztán Dominik törte meg a csendet: Apa! A szomszédok kitették a cédulát, hogy "Vigyázat, vegyszeres gyomirtás, kerüld a pázsitot!"
Hirtelen mindenkinek eszébe jutott a kint terjengő szörnyű vegyszerszag, ami a torkukat mardosta.

Csipesz örökre elment!

CSIPESZ HALOTT

HETEDIK FEJEZET

A bánat mindenkit maga alá gyűrt. Patakokban folytak könnyeik, szívük majd megszakadt a mérhetetlen fájdalomtól. Aztán Sándor egyszer csak felállt és teljes transzban kiment a konyhába. Pár perc múlva egy holland sütis dobozzal a kezében tért vissza. Miután kiürítette a doboz tartalmát, Dominik magához ragadta azt és egy pillanat alatt kész is lett Csipesz szarkofágja.

Csókot lehelve a piciny madártestre, Csipeszt gyengéden ráfektették egy kézzel szőtt magyar kendőre. Rózsaszirmokat hoztak a kertből, a kismadár kedvenc cipőfűzőjét és fényképeket. Majd levágták egy-egy szőke hajtincsüket és Attila sárga farktollaival együtt Csipesz mellé helyezték. Dominik egy kis fakeresztet faragott, melyre ráégette: "Csipesz". Sándor pedig kiment és egy kis gödröt ásott a virágoskertben.

Kezükben a cipős dobozzal a tátongó gödör mellett álltak és belélegezték a frissen ásott föld illatát. Alighogy elmondtak egy rövid imát, kövér esőcsepp koppant a dobozon, amiből gyors, április zápor kerekedett. Dominik meg volt győződve róla, hogy még a Mennyország is Csipeszt siratja. Védelmezőn magához húzta a dobozt és beszaladt vele a házba. Abban a pillanatban felhők hada gyűlt össze az égen és kitartóan esni kezdett. Az udvaron ásott gödör egy szempillantás alatt megtelt vízzel. Dominik egy hirtelen ötlettől vezérelve kinyitotta a fagyasztó ajtaját és finoman behelyezte Csipeszt. Az eső napokig nem hagyott alább, Csipesz pedig a többiekkel együtt türelmesen várt temetésére.

CSIPESZ SZARKOFÁGJA

NYOLCADIK FEJEZET

Az elmúlt kilenc évben Csipesz sok barátra és csodálóra tett szert. Rajongók százait tudhatta magáénak Hawaiion, Connecticutban és Észak-Karolinában is. Valamennyien értesültek a kismadár haláláról és néhány anekdota felidézése mellett, részvétüket fejezték ki. Az egyik ilyen jó barát Joe Mohbat volt, New York City ügyvédje. Időnként csak azért vezetett le délre, hogy meglátogassa Csipeszt. A kismadár imádta Joe öblös, mély hangját és fekete bajuszát, amit kedvére piszkálgatott. Amikor Joe telefonon érdeklődött, Csipesz már a frizsiderben várakozott temetésére.

Az idő végre kitisztult. Apa, Sándor és Dominik ismét tiszteletttudóan összegyűlt és néma csendben megállt a sír mellett. Dominik tartotta a dobozt, benne Csipesszel. Senki sem volt képes a gödörhöz lépni, hogy leeressze a kis szarkofágot. Az elválás túl fájdalmas és felfoghatatlan volt.

Végül még egyszer kinyitották a dobozt, hogy egy utolsó búcsúcsókot leheljenek a kis testre. Amikor apa kibontotta a szalagot, Csipesz békésen feküdt a kincsei között. Oldalra fektetett csőre fényes sárgán ragyogott hófehér takaróján. Fején a tollak még mindig feketék és fényesek voltak. Álomszép szempilláit jégkristályok borították. Olyan csodálatos és tökéletes volt, mintha épp csak elaludt volna. A fájdalom árnyéka akkor ismét belepte szívüket! Lehetetlenség volt elfogadni a megváltoztathatalant! Valamennyien megcsókolták Csipesz kihűlt kis fejét, majd óvatosan visszahelyezték a dobozba.

A fiúk egymásra néztek és azt suttogták: "Apa, klónozhatnánk Csipeszt?" Aztán a kismadár örökre visszakerült a dobozba .... és azóta is türelmesen várja újjászületését.

Hetek teltek el mély szomorúságban. Nehéz volt az átállás, mert hosszú ideig nem hallatszott nevetés a házból. Az űrt, melyet a kismadár maga után hagyott, csak a vele együtt töltött közös emlékek felidézése tudta enyhíteni. A beszélgetések valahogy mindig Csipeszre és a kilenc év alatt vele töltött értékes pillanatokra terelődtek. A sok vidám emlék megidézése végül újra visszahozta a jókedvet a házba. Megértették, hogy a kismadár mindig is velük, a szívükben marad. Joe ismét telefonált és Csipesz felől érdeklődött. Aztán elmondták neki a családi döntést, amire a következő versikével reagált:

RAP Mynah-módra
A nevem Csipesz.

Remek volt életem.

Aztán egy nap örökre elmentem,

A fagyasztóba kerültem.

Jó életem volt köztetek,

Sosem féltem.

A fiúk kedvesen szerettek,

Nem ejtettek sörömbe könnyet.

Nem akartam a búcsúval sietni,

Hogy miattam kelljen aggódni,

De érzem, lábam lassan jégcsappá válik

Az élet elillan, a test porrá válik.

— Joseph Mohbat

A vers végére érve alig bírták visszatartani a nevetést. Sándor szólalt meg először: "Szerintem, Csipesz kis lelke most velünk együtt nevet. Emlékeztek, mennyire szeretett nevetni?"

CSIPESZ SZABAD LELKE ISMÉT A SZELEK SZÁRNYÁN SUHAN

VÉGE

KÖSZÖNETNYILVÁNÍTÁS

Szeretnék köszönetet mondani James Elledge-nek, barátomnak és egyben A Place To Copy, Raleigh NC tulajdonosának. Felbecsülhetetlen szakmai tudása és komputer grafikai ismeretei nélkül ez a könyv nem lenne ilyen esztétikus. James kitartó türelemmel, rengeteg éjszakát szánt a projekt megvalósításának.

Lekötelezettje lettem Harriet Parke-nak, egy valódi írónak, akit folyamatosan zargattam a könyv írása során. Szerető kedvességgel adott tanácsokat és órákat töltött azzal, hogy kusza Hunglish-omat, magyar-angol keverékemet korrigálja. Harriet volt olyan kedves, hogy megírta a könyv előszavát is.

Hálás vagyok Laurie Cockerellnek, a tapasztalt gyermekkönyv szerzőnek a Kinderfable Press-től a részletes szerkesztői tanácsokért. Rövid ideig közvetlen szomszéd volt, de elköltözött Hawaii-ról még mielőtt Csipesz feltűnt volna életünkben.

De mindenekelőtt Neked vagyunk hálásak, Csipesz, aki a természet csodáját csempészted bele életünkbe. Nem csupán azért imádlak, mert szeretted Sándort és Dominiket, hanem azért is, mert megtanítottad nekünk, hogy értékeljük a természet legapróbb teremtményeit is és felfedezzük az egyetemes SZERETETET, mely minden élőt összeköt ezen a bolygón. Háziállataink közül Te voltál az Alfa: pusztán a létezéseddel hatással voltál az idő múlására és érzelmeinkre egyaránt. Rengeteg olyan embert meghódítottál, akikkel egyébként biztosan nem hoz össze bennünket a sors. Váratlan halálod mély sebet ejtett szívünkben. Azt hiszem, életünk végéig őrizni fogjuk édes emlékedet, mert még halálod után is összeköt bennünket a szeretet veled. Biztos vagyok abban, hogy történeted újabb és újabb gyereknemzedékeket hódít majd meg.

A Hawaii Mynah madár érdekességeiről és intelligenciájáról tudjon meg többet a következő Youtube oldalon:

Amazing Talking Mynah, Kaleo (beszélgetés)

www.ingramcontent.com/pod-product-compliance
Lightning Source LLC
Chambersburg PA
CBHW041410160426
42811CB00106B/1619